全国会计从业资格无纸化考试辅导用书

会计基础
核心考点强化与备考演练

全国会计从业资格无纸化考试辅导用书编写组　编

中国人事出版社

图书在版编目(CIP)数据

会计基础核心考点强化与备考演练/全国会计从业资格无纸化考试辅导用书编写组编. —北京：中国人事出版社，2015

全国会计从业资格无纸化考试辅导用书

ISBN 978-7-5129-0858-1

Ⅰ.①会… Ⅱ.①全… Ⅲ.①会计-资格考核-自学参考资料 Ⅳ.①F23

中国版本图书馆 CIP 数据核字(2015)第 143946 号

中国人事出版社出版发行

(北京市惠新东街 1 号 邮政编码：100029)

＊

保定市中画美凯印刷有限公司印刷装订　　新华书店经销

880 毫米×1230 毫米　32 开本　9.625 印张　228 千字

2015 年 7 月第 1 版　　2015 年 7 月第 1 次印刷

定价：30.00 元

读者服务部电话：(010) 64929211/64921644/84643933

发行部电话：(010) 64961894

出版社网址：http://www.class.com.cn

版权专有　　侵权必究

如有印装差错，请与本社联系调换：(010) 80497374

我社将与版权执法机关配合，大力打击盗印、销售和使用盗版图书活动，敬请广大读者协助举报，经查实将给予举报者奖励。

举报电话：(010) 64954652

编写人员名单

主　　编： 张　华

副 主 编： 孙本梓　　虞根松

编写人员： 李　健　　郑继红　　罗晓靖　　陆梅群　　张丽丽
　　　　　　齐福壮　　鲍秀丽　　王　伟　　武开兵　　任卫红
　　　　　　徐海霞　　刘　影　　朱　钰　　李丽英　　李　杰
　　　　　　耿彩红　　钟　静　　崔旭蕾　　冯倩倩　　董　振
　　　　　　王　睿　　杨路路　　张　丽　　罗婷婷　　韩　琴
　　　　　　夏　雨　　郭大刚　　李　玲　　吴肖娅　　吴道志
　　　　　　周　转　　梁晓东　　蔡华钊　　徐莉莉　　汪海峰
　　　　　　吴　凌　　朱泽栋　　彭金晶　　任立献　　邓远欣
　　　　　　孙　敏　　叶青青　　唐振云　　王珮珮　　胡　军

前 言
Preface

国家实行会计从业资格考试制度。进入会计专业、从事会计工作的人员，必须通过会计从业资格考试，取得会计从业资格证书。随着我国社会主义市场经济的健全完善，以及金融全球化的深入发展，会计工作在市场经济中的地位不断提升、作用不断增强，会计从业资格受到越来越多的考生的重视，考试报名人数常年居高不下，竞争日趋激烈。

近年来，会计从业资格考试无纸化趋势的发展实践证明，仅仅依靠读教材、背重点、押考点的传统路径是行不通的。这就好比是"纸上谈兵"，没有阅读过以往的真题，没有经历过考前的模拟，等到上考场时，往往就会出现时间分配不合理、题型不熟悉、书中知识点不能灵活应用等一系列问题，并最终导致考生发挥失常，考试成绩不合格，进而制约职业生涯发展。

为帮助考生熟悉重要知识点、强化应试能力，并在复习中起到事半功倍的效果，顺利通过会计从业资格考试，中国人事出版社邀请具有丰富考试研究和培训经验的资深教师专家组成编写组，结合最新修订的2014版会计从业资格考试大纲，编写了这套《全国会计从业资格无纸化考试辅导用书》。此套丛书共六册，包括《会计基础》《财经法规与会计职业道德》和《会计电算化》三个科目的《轻松过关100分上机考试题库》和《核心考点强化与备考演练》。丛书通过对新大纲颁布以来全国不同省市会计从业资格考试真题的深入研究和对近万名考生学习方法、答题习惯、知识点掌握情况的

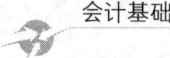

深入了解，严格遵循考生认知规律，区别各考点的难易程度，紧扣考试大纲而编写，是一套作者权威、实用性强、贴近实战、重点突出的理想辅导用书。

本套丛书的特点在于：

权威： 以新大纲为依据，凸显较强的指导性和权威性。由权威教授、专家严格依据最新考试大纲和命题发展趋势，总结考试研究和培训经验，对新大纲列示考核要点逐一进行了讲解、考察，是模拟"真实"考题的理想辅导用书。

贴真： 内容全面精准，具有很强的实战性和预测性。严格按照全国会计从业资格考试热点、难点，结合真题题型与题量，针对考纲列示的新增考点和新命题动态，以贴真、高效为命题原则，深度挖掘考点，熔炼历年真题，具有"真、准、精、好"的独有特色。

深度： 突出广度与深度的备考要求，具有极强的系统性与针对性。在研究新大纲和历年真题的前提下，细化每一个可能成为命题点的知识点，从广度与深度入手，做到详略得当、重点突出、深挖细抠，剔除不考内容，强化必考、常考知识点，对易考点、易错点和难点进行着重练习。

考虑到会计从业资格无纸化考试的客观需求，为更好服务考生，我们开发了权威串讲视频随书附赠。内含优秀教师对高频考点的分析，授技巧之法，点过关之术。光盘中还附有各科目考试大纲，帮助考生轻松备考。

由于会计从业资格考试的命题趋势每年都在变化，再加上时间紧迫，不周之处希望大家能够谅解。

编写组

目录
Contents

第一部分　学习导读

第二部分　同步辅导及强化训练

第一章　总　论 /4

考情分析 /4

知识结构图示 /4

本章知识要点 /4

　　第一节　会计的概念与目标 /4

　　第二节　会计的职能与方法 /6

　　第三节　会计基本假设与会计基础 /8

　　第四节　会计信息的使用者及其质量要求 /12

　　第五节　会计准则体系 /14

题库·同步强化练习 /14

参考答案及解析 /25

第二章　会计要素与会计等式 /33

考情分析 /33

知识结构图示 /33

本章知识要点 /33

　　第一节　会计要素 /33

　　第二节　会计等式 /41

题库·同步强化练习 /43

参考答案及解析 /52

第三章 会计科目与账户 /59

考情分析 /59

知识结构图示 /59

本章知识要点 /59

 第一节 会计科目 /59

 第二节 账户 /62

题库·同步强化练习 /64

参考答案及解析 /75

第四章 会计记账方法 /82

考情分析 /82

知识结构图示 /82

本章知识要点 /82

 第一节 会计记账方法的种类 /82

 第二节 借贷记账法 /84

题库·同步强化练习 /87

参考答案及解析 /97

第五章 借贷记账法下主要经济业务的账务处理 /105

考情分析 /105

知识结构图示 /105

本章知识要点 /106

 第一节 企业的经济业务 /106

 第二节 资金筹集业务的账务处理 /106

 第三节 固定资产业务的账务处理 /111

 第四节 材料采购业务的账务处理 /115

 第五节 生产业务的账务处理 /121

 第六节 销售业务的账务处理 /126

第七节　期间费用的账务处理 /130
　　第八节　利润形成与分配业务的账务处理 /133
题库·同步强化练习 /140
参考答案及解析 /153

第六章　会计凭证 /162

考情分析 /162
知识结构图示 /162
本章知识要点 /162
　　第一节　会计凭证概述 /162
　　第二节　原始凭证 /163
　　第三节　记账凭证 /168
　　第四节　会计凭证的传递与保管 /173
题库·同步强化练习 /174
参考答案及解析 /185

第七章　会计账簿 /194

考情分析 /194
知识结构图示 /194
本章知识要点 /194
　　第一节　会计账簿概述 /194
　　第二节　会计账簿的启用与登记要求 /197
　　第三节　会计账簿的格式与登记方法 /199
　　第四节　对账与结账 /202
　　第五节　错账查找与更正的方法 /205
　　第六节　会计账簿的更换与保管 /207
题库·同步强化练习 /208
参考答案及解析 /221

第八章　账务处理程序 /231

考情分析 /231
知识结构图示 /231
本章知识要点 /231
　第一节　账务处理程序概述 /231
　第二节　记账凭证账务处理程序 /233
　第三节　汇总记账凭证账务处理程序 /234
　第四节　科目汇总表账务处理程序 /236
题库·同步强化练习 /237
参考答案及解析 /244

第九章　财产清查 /250

考情分析 /250
知识结构图示 /250
本章知识要点 /250
　第一节　财产清查概述 /250
　第二节　财产清查的方法 /253
　第三节　财产清查结果的处理 /255
题库·同步强化练习 /261
参考答案及解析 /270

第十章　财务报表 /275

考情分析 /275
知识结构图示 /275
本章知识要点 /275
　第一节　财务报表概述 /275
　第二节　资产负债表 /278
　第三节　利润表 /282
题库·同步强化练习 /284
参考答案及解析 /292

第一部分　学习导读

一、2014年考试主要变化

2015年会计从业资格考试大纲以财政部2014年公布的《会计从业资格考试大纲（修订）》为依据。与旧大纲相比，新的《会计基础》大纲对相关知识点的阐述更加详细，知识点下都增加了相应的具体内容。具体到各章节方面，主要的变化就是章节顺序进行了调整。新大纲第五章的内容对应原第十章的内容，在内容上基本全部重新编写，进行了补充调整，其余章节也依次进行了调整。新大纲第一章新增了"会计信息质量要求"和"会计准则体系"相关内容。删除了原第九章"会计档案"的相关内容。

二、应试技巧

会计从业资格考试多以选择题、判断题和计算分析题等客观题的形式出现。这里主要介绍选择题和判断题这两种题型的应试技巧。

1．选择题答题技巧

答好选择题，必须掌握一定的基础知识。如果在此基础上再掌握一些答题技巧，就将使考生如虎添翼。下面的提示有助于考生掌握答题的技巧：

（1）按题目要求答题。有不少考生连题目的要求都没看清楚就开始答题了。比如，单项选择题要求选择一个最佳答案，显然，除最佳答案之外，备选项中的某些答案，也可能具有不同程度的正确性，只不过是不全面、不完整罢了。而我们有些考生，一看题干，紧接着就被一个"好的"或"有吸引力的"备选答案选项吸引住了，对其余的答案选项连看都不看一眼就放过去，从而失去了许多本应该得分的机会。请记住，一定要看清所有的题干和答案选项。一道设题周密的单项选择题，所有的答案选项都可能具有吸引力，然而却只有一个是正确的答案。

（2）运用排除法。如果正确答案不能一眼看出，应首先排除明显是荒诞、拙劣或不正确的选项。一般来说，对于选择题，尤其是单项选择题，题干与正确的答案选项几乎直接抄自指定教材或法规，其余的备选项要靠命题者自己去设计，即使是高明的命题专家，他所写出的备选项也有可能一眼就可看出是错误的。尽可能排除一些选择项，就可以提高考生选对答案而得分的概率。

（3）运用猜测法。如果不知道确切的答案，也不要放弃，要充分利用所学知识去猜测。一般来说，排除的选项越多，猜对正确答案的可能性就越大。

（4）运用比较法。直接把各个答案选项加以比较，并分析它们之间的不同点，集中考虑正确选项和错误选项的关键所在。

总之，由于选择题命题难度大，因此不是所有答案选项都是很理想的。有些选项可以排除掉，从而提高选择成功率。要做到这一点，建议最好仔细考虑各答案选项，把备选项与题干、备选项与备选项联系起来考虑。不要盲目胡猜，不要选择那些看起来像、读起来很有吸引力的错误答案选项，以免中了命题者的圈套。

2．判断题答题技巧

判断题通常不以问题出现，而以陈述句出现，要求考生判断陈述事实的正确性或者事件和概念之间关系的正确性。考生应指出它的正确或错误。

对于命题者来说，要构思一个绝对正确或绝对错误的命题是比较困难的。尤其是某道命题正确时，它的各项因素必须都是正确的。因此，判断题中常常会有表示绝对概念或相对概念的词，表示绝对概念的词有"总是""绝不"等，表示相对概念的词有"通常""一般""多数情况下"等。了解这一点，将为考生确定正确答案提供帮助。

在某些特定情况下，一种说法有时可以说是正确的，有时可以说是错误的。因此，考生在答题时，需要对试题内容进行分析，然后再作"对"或"错"的判断。下面一些原则，或许会对考生有一定的帮助：

（1）命题中含有表示绝对概念的词，这道题很可能是错的。统计表明，大部分带有绝对概念词的问题，"对"的可能性小于"错"的可能性。当考生对含有表示绝对概念的词的问题没有把握作出准确判断时，想一想是否有什么理由来证明它是正确的，如果你找不出任何理由，"错"就是最佳的选择。

（2）命题中含有表示相对概念的词，这道题很可能是对的。

（3）只要试题有一处错，该题就全错。

（4）酌情猜测。实在无法确定答案的，请看清试题评分要求。如试题未注明要倒扣分数，哪怕没有足够的时间阅读题目，也一定要猜测作答，答对的概率是50%，切莫放过这种可能"捡来的"分数。

第二部分　同步辅导及强化训练

第一章　总　论

【考情分析】

本章在考试中所占分值一般，主要涉及的题型有：单选、多选和判断。本章的重点为：会计的基本特征、会计的基本职能、权责发生制、收付实现制等。

【知识结构图示】

$$
总论\begin{cases}
会计的概念与目标\begin{cases}会计的概念与特征\\会计的对象与目标\end{cases}\\
会计的职能与方法\begin{cases}会计的职能\\会计的核算方法\end{cases}\\
会计基本假设与会计基础\begin{cases}会计基本假设\\会计基础\end{cases}\\
会计信息的使用者及其质量要求\begin{cases}会计信息的使用者\\会计信息的质量要求\end{cases}\\
会计准则体系\begin{cases}会计准则的构成\\企业会计准则\\事业单位会计准则\end{cases}
\end{cases}
$$

【本章知识要点】

第一节　会计的概念与目标

一、会计的概念与特征

(一) 会计的概念

会计是以货币为主要的计量单位，运用专门的方法，对企业、行政事业等单位的经济活动进行连续、系统、全面、综合的确认、计量、报告和监督,向财务会计报告使用者提供有关的会计信息,并进行必要的经济预测、分析、参与决策的一种经济管理活动。

(二) 会计的基本特征

会计的基本特征有:

(1) 会计是一种经济管理活动;

(2) 会计是一个经济信息系统;

(3) 会计以货币为主要计量单位;

(4) 会计具有核算和监督的基本职能;

(5) 会计采用一系列专门的方法。

【经典例题·多选】会计的基本特征表现在(　　)。

A. 会计以货币为主要计量单位

B. 会计拥有一系列专门的方法

C. 会计具有核算和监督的基本职能

D. 会计的本质是一项经济管理活动,属于管理的范畴

【答案】ABCD

【解析】会计的基本特征主要表现在四个方面:会计以货币为主要计量单位(并非唯一);会计拥有一系列专门的方法;会计具有核算和监督两种基本职能;会计的本质是一项经济管理活动,属于管理的范畴。

(三) 会计的发展历程

会计是随着人类社会生产的发展和经济管理的需要而产生、发展并不断得到完善的。其中,会计的发展可划分为古代会计、近代会计和现代会计三个阶段。

二、会计的对象与目标

(一) 会计对象

会计对象是指会计核算和监督的内容。凡是特定单位能够以货

币表现的经济运动都是会计的对象。

【经典例题·判断】凡是特定主体能够以货币表现的经济活动，都是会计核算和监督的内容，也就是会计的对象。（　　）

【答案】√

（二）会计目标

会计目标也称会计目的，是要求会计工作完成的任务或达到的标准，即向财务会计报告使用者提供与企业财务状况、经营成果和现金流量等有关的会计信息，反映企业管理层受托责任履行情况，有助于财务会计报告使用者作出经济决策。

第二节　会计的职能与方法

一、会计的职能

（一）基本职能

1．会计核算职能

会计核算职能是指会计以货币为主要计量单位，通过确认、计量、记录、报告等环节，对特定主体的经济活动进行确认、计量和报告。

会计核算职能也称反映职能，是会计的首要职能，也是其他会计工作的基础。

2．会计监督职能

会计监督职能是指会计人员在进行会计核算的同时，对特定主体的经济活动的真实性、合法性和合理性进行审查。会计监督职能也被称为控制职能。会计监督包括：事前监督、事中监督和事后监督。

【经典例题·单选】下列关于会计监督的说法错误的是（　　）。

A．会计监督职能也被称为控制职能

B．没有会计监督，就难以保证核算所提供信息的真实性、合

法性和合理性

C. 会计监督包括：事前监督、事中监督和事后监督

D. 会计监督职能指注册会计师对特定主体的经济活动进行核查和监管

【答案】D

【解析】会计监督职能是指会计人员在进行会计核算的同时，对特定主体的经济活动的真实性、合法性和合理性进行审查。

3．会计核算与会计监督的关系

会计核算与会计监督是相辅相成、辩证统一的。会计核算是会计监督的基础，没有核算所提供的各种信息，监督就失去了依据；会计监督又是会计核算质量的保证，只有核算没有监督，就难以保证核算所提供信息的质量。

（二）拓展职能

会计的拓展职能主要有：（1）预测经济前景；（2）参与经济决策；（3）评价经营业绩。

二、会计核算方法

（一）会计核算方法体系

会计核算方法体系由填制和审核会计凭证、设置会计科目和账户、复式记账、登记会计账簿、成本计算、财产清查、编制财务会计报告等专门方法构成。

（二）会计循环

会计循环是指按照一定的步骤反复运行的会计程序。从会计工作流程看，会计循环由确认、计量和报告等环节组成；从会计核算的具体内容看，会计循环由填制和审核会计凭证、设置会计科目和账户、复式记账、登记会计账簿、成本计算、财产清查、编制财务会计报告等组成。填制和审核会计凭证是会计核算的起点。

第三节 会计基本假设与会计基础

一、会计基本假设

会计基本假设是会计确认、计量和报告的前提,是对会计核算所处的时间、空间环境所作的合理假定。会计基本假设包括会计主体、持续经营、会计分期和货币计量四项。

(一)会计主体

1. 会计主体的含义

会计主体是指会计所核算和监督的特定单位或者组织,一般来说,凡拥有独立的资金、自主经营、独立核算收支、盈亏并编制报表的企业或单位就构成了一个会计主体。会计主体可以是一个企业,也可以是企业内部的某个单位或企业中的一个特定部分;可以是单一的一个企业,也可以是几个企业组成的企业集团。

2. 需要说明的问题

第一,会计主体与法律主体(法人)并非是对等的概念,法人可作为会计主体,但会计主体不一定是法人(例如企业内部的某个单位)。

第二,会计主体简单地说就是能够进行独立会计核算的单位,会计主体在会计核算上具有绝对的独立性,不仅要与其他会计主体分开,而且还要独立于本企业主体的所有者。

会计主体假设界定了从事会计工作和提供会计信息的空间范围。

【经典例题·多选】下列属于会计主体的有( )。

A. 个人独资企业 B. 合伙企业

C. 企业集团 D. 有限公司

【答案】ABCD

【解析】凡是有经济业务的任何特定的独立单位,都可以、也需要进行独立核算,成为一个特定的会计主体。会计主体可以是一个企业,也可以是由若干家企业组成的集团公司。

(二) 持续经营

1. 持续经营的含义

持续经营是指会计主体在可以预见的未来,将根据正常的经营方针和既定的经营目标持续经营下去。即在可预见的未来,该会计主体不会破产清算,所持有的资产将正常营运,所负有的债务将正常偿还。

2. 持续经营前提的意义

持续经营前提是指会计核算应当以企业持续、正常的生产经营活动为前提,而不考虑企业是否破产清算等。明确了这个基本前提,会计人员就可以在此基础上选择适用的会计原则和会计方法,为解决很多常见的资产计价和收益确认问题提供基础。例如:如果企业不会持续经营下去,固定资产就不应采用历史成本进行记录并按期计提折旧。

3. 需要说明的问题

持续经营只是一个假定,任何企业在经营中都存在破产、清算等不能持续经营的风险,一旦进入破产清算,持续经营前提将被清算前提所替代。

【经典例题·单选】在可预见的未来,会计主体不会破产清算,所持有的资产将正常营运,所负有的债务将正常偿还,这属于(   )。

A. 货币计量假设   B. 会计分期假设
C. 持续经营假设   D. 会计主体假设

【答案】C

【解析】此题考查持续经营的概念。

(三) 会计分期

会计分期是指将一个会计主体持续经营的生产经营活动划分为一个个连续的、长短相同的期间，以便分期结算账目和编制财务会计报告。

《企业会计准则——基本准则》规定，企业应当划分会计期间，分期结算账目和编制财务报告。在会计分期假设下，企业应当划分会计期间。

会计期间通常分为年度和中期。中期是指短于一个完整的会计年度的报告期间，一般指半年度、季度、月度等。会计年度，一般采用公历年度，即从每年的1月1日至12月31日为一个会计年度。

有了会计期间这个前提，才产生了本期与非本期的区别，才使不同类型的会计主体有了记账的基础，进而出现了折旧、摊销、应收、应付、预收、预付等会计处理方法。

会计分期的前提是持续经营前提的补充。

(四) 货币计量

1. 货币计量的含义

货币计量是指会计主体在会计确认、计量和报告时采用货币作为统一的计量单位，反映会计主体的生产经营活动。

2. 记账本位币的确定

记账本位币，是指企业经营所处的主要经济环境中的货币。企业通常应选择人民币作为记账本位币。业务收支以人民币以外的货币为主的企业，可以按照《企业会计准则——外币折算》第五条规定选定其中一种货币作为记账本位币。但是，编报的财务报表应当折算为人民币。

【经典例题·判断】业务收支以人民币以外的货币为主的单位，可以选定其中一种货币作为记账本位币，编制的财务会计报告可以

以外币列示。（ ）

【答案】×

【解析】业务收支以人民币以外的货币为主的单位，可以选定其中一种货币作为记账本位币，但编制的财务会计报告应当折算为人民币反映。

二、会计基础

（一）权责发生制

权责发生制是以应收应付作为标准来确定本期收入和费用以计算本期盈亏的会计处理基础。在权责发生制下，凡是当期已经实现的收入和已经发生的或应当负担的费用，不论款项是否收付，都应作为当期的收入和费用处理。凡是不属于当期的收入、费用，即使款项已经在当期收付了，也不应当作为当期的收入、费用。

（二）收付实现制

收付实现制是以款项的实际收付为标准来确认本期收入和费用，计算本期盈亏的一种会计处理基础。在收付实现制的基础上，凡在本期实际收到的现款收入，不论其是否属于本期的收入均应作为本期的收入处理；凡在本期实际以现款付出的费用，不论其是否应该在本期收入中获得补偿均应作为本期费用处理。反之，凡本期还没有以现款收到的收入和没有用现款支付的费用，即使它归属于本期，也不应作为本期的收入和费用处理。

【经典例题·多选】本期收到上月销售产品的货款存入银行，是否应当作为本期的收入，下列说法中，正确的有（　　）。

A. 收付实现制下，应当作为本期的收入

B. 权责发生制下，不能作为本期收入

C. 收付实现制下，不能作为本期收入

D. 权责发生制下，应当作为本期的收入

【答案】AB

【解析】权责发生制即凡是当期已经实现的收入和已经发生或应当负担的费用,不论款项是否收付,都应当作为当期的收入和费用,凡是不属于当期的收入和费用,即使款项已在当期收付,也不应当作为当期的收入和费用。收付实现制是与权责发生制相对应的一种确认基础,它是以收到或支付现金作为确认收入和费用的依据。故选AB。

表1—1　　　　　权责发生制和收付实现制比较

比较项目	权责发生制	收付实现制
别称	应收应付制	实收实付制、现金制
收入	取得收款的时间	实际收到的时间
费用	取得付款的时间	实际支付的时间
优点	利润合理准确	核算简单
缺点	核算麻烦	利润不准确
适用范围	营利性组织（企业、事业单位的营利业务）	非营利组织（机关、事业单位的非营利业务）

第四节　会计信息的使用者及其质量要求

一、会计信息的使用者

会计信息的使用者主要包括投资者、债权人、企业管理者、政府及其相关部门和社会公众等。

【经典例题·判断】企业管理者是会计信息的重要使用者,他们需要借助会计信息等相关信息来管理企业,对企业进行控制、作出财务决策。(　　)

【答案】√

二、会计信息的质量要求

1. 可靠性

可靠性要求企业应当以实际发生的交易或者事项为依据进行确认、计量和报告,如实反映符合确认和计量要求的各项会计要素及其他相关信息,保证会计信息真实可靠、内容完整。

2. 相关性

相关性要求企业提供的会计信息应当与财务会计报告使用者的经济决策需要相关,有助于财务会计报告使用者对企业过去和现在的情况做出评价,对未来的情况做出预测。

3. 可理解性

可理解性要求企业提供的会计信息应当清晰明了,便于财务会计报告使用者理解和使用。

4. 可比性

可比性要求企业提供的会计信息应当相互可比,保证同一企业不同时期可比、不同企业相同会计期间可比。

5. 实质重于形式

实质重于形式要求企业应当按照交易或者事项的经济实质进行会计确认、计量和报告,不应仅以交易或者事项的法律形式为依据。

6. 重要性

重要性要求企业提供的会计信息应当反映与企业财务状况、经营成果和现金流量有关的所有重要交易或者事项。

7. 谨慎性

谨慎性要求企业对交易或者事项进行会计确认、计量和报告时保持应有的谨慎,不应高估资产或者收益、低估负债或者费用。

8. 及时性

及时性要求企业对于已经发生的交易或者事项,应当及时进行确认、计量和报告,不得提前或者延后。

第五节 会计准则体系

一、会计准则的构成

会计准则是反映经济活动、确认产权关系、规范收益分配的会计技术标准,是生成和提供会计信息的重要依据,也是政府调控经济活动、规范经济秩序、引导社会资源合理配置、保护投资者和社会公众利益,以及开展国际经济交往等的重要手段。

会计准则具有严密和完整的体系。我国已颁布的会计准则有《企业会计准则》《小企业会计准则》和《事业单位会计准则》。

二、企业会计准则

我国的企业会计准则体系包括基本准则、具体准则、应用指南和解释公告等。2006年2月15日,财政部发布了《企业会计准则》,自2007年1月1日起在上市公司范围内施行,并鼓励其他企业执行。

【经典例题·判断】我国的企业会计准则包括基本准则、具体准则。（　　）

【答案】√

三、事业单位会计准则

2012年12月6日,财政部修订发布了《事业单位会计准则》,自2013年1月1日起在各级各类事业单位施行。该准则对我国事业单位的会计工作予以规范。

【题库·同步强化练习】

一、单项选择题（每题的备选项中,只有一个符合题意的正确答案。多选、错选、不选均不得分）

1. 会计是以（　　）作为主要计量单位。

A. 劳动　　　　　　　　　B. 实物

C. 货币　　　　　　　　　　D. 实物和货币

2. 会计的基本职能是（　　）。

A. 记账、算账和报账

B. 会计核算和会计监督

C. 预测经济前景、参与经济决策和评价经营业绩

D. 监督和管理

3. 下列各项中，属于近代社会会计产生的标志是（　　）。

A. 司会的设立

B. 美国工业革命的兴起

C. 《证券法》和《证券交易法》的颁布

D. 《簿记论》的问世

4. 会计监督是会计核算的（　　）。

A. 主要手段　　　　　　　　B. 基础和前提

C. 根本保障　　　　　　　　D. 基本目标

5. 下列事项中，不需要进行会计核算的是（　　）。

A. 从银行提取现金　　　　　B. 签订销售合同

C. 发放职工工资　　　　　　D. 结算销售货款

6. 下列项目中，不属于会计核算方法的是（　　）。

A. 复式记账　　　　　　　　B. 成本计算

C. 财产清查　　　　　　　　D. 编制财务预算

7. 下列关于会计核算依据的要求，说法错误的是（　　）。

A. 会计核算以实际发生的交易或事项为依据

B. 签订合同或协议时，需要进行会计核算

C. 引起企业资金发生增减变化的经济活动需要进行会计核算

D. 任何单位都不得以虚假的交易或事项进行会计核算

8. 现代会计形成的标志是（　　）。

A. 出现了借贷复式记账法　　B. 成本会计形成

C. "会计原则"形成　　　　　D. 财务会计与管理会计分化

9. 下列关于会计主体假设的说法中，正确的是（　　）。

A. 会计主体就是投资者

B. 会计主体与法律主体是同义语

C. 会计主体是会计核算和监督的特定单位或组织

D. 会计主体假设明确了会计工作的时间范围

10. 下列不属于会计监督的是（　　）。

A. 事前监督　　　　　　　B. 事中监督

C. 事后监督　　　　　　　D. 事实监督

11. 强调某一企业各期提供的会计信息应当采用一致的会计政策，不得随意变更，这体现了会计核算质量要求中的（　　）原则。

A. 可靠性　　B. 相关性　　C. 可比性　　D. 可理解性

12. 企业提供的会计信息应当清晰明了，便于财务会计报告使用者理解和使用。这体现的是会计核算质量的（　　）原则。

A. 相关性　　B. 可靠性　　C. 及时性　　D. 可理解性

13. 会计核算的最终环节是（　　）。

A. 确认　　　B. 计量　　　C. 计算　　　D. 报告

14. 企业会计的确认、计量和报告应当以（　　）为基础。

A. 持续经营　　　　　　　B. 会计基本假设

C. 权责发生制　　　　　　D. 收付实现制

15. 我国行政单位会计应以（　　）作为确认、计量和报告的基础。

A. 持续经营　　　　　　　B. 权责发生制

C. 实地盘存制　　　　　　D. 收付实现制

16. 持续经营是建立在（　　）基础上的。

A. 会计主体　　　　　　　B. 权责发生制原则

C. 会计分期   D. 货币计量

17. 企业计提固定资产折旧首先是以会计假设中的（   ）假设为前提的。

  A. 会计主体   B. 持续经营
  C. 会计分期   D. 货币计量

18. 企业应当以实际发生的交易或者事项为依据进行会计确认、计量和报告，如实反映符合确认和计量要求的各项会计要素及其他相关信息，保证会计信息真实可靠、内容完整。这体现会计核算质量要求的（   ）。

  A. 及时性   B. 可理解性
  C. 相关性   D. 可靠性

19. 企业1月份发生下列支出：预付全年房屋租金36 000元；支付上年第4季度银行借款利息16 200元；以现金520元购买行政管理部门使用的办公用品；预提本月应负担的银行借款利息4 500元。按权责发生制确认的本月费用为（   ）。

  A. 57 200元   B. 8 020元
  C. 24 220元   D. 19 720元

20. 下列关于企业资金投入的表述中，正确的是（   ）。

  A. 企业的资金投入是指企业所有者投入的资金
  B. 企业的资金投入是指企业债权人投入的资金
  C. 企业所有者投入的资金形成企业的所有者权益
  D. 企业债权人投入的资金形成企业的所有者权益

21. 下列各项中，不属于无形资产的有（   ）。

  A. 期权   B. 专利权
  C. 商标权   D. 土地使用权

22. 下列各项中，属于款项的是（   ）。

  A. 可转换债券   B. 商业承兑汇票

C. 银行汇票存款　　　　　　D. 银行承兑汇票

23. 下列各项中，不属于企业财物的是（　　）。

　　A. 机器设备　　　　　　　B. 在产品

　　C. 燃料　　　　　　　　　D. 专利权

24. 下列不属于资金退出的是（　　）。

　　A. 偿还各项债务　　　　　B. 支付职工工资

　　C. 上交各项税金　　　　　D. 向所有者分配利润

25. 资金运动的第三层次包括（　　）。

　　A. 支付职工工资　　　　　B. 报销差旅费

　　C. 计提折旧　　　　　　　D. 上交税款

26. （　　）作为会计核算的基本前提，就是将一个会计主体持续的生产经营活动划分为若干个相等的会计期间。

　　A. 持续经营　　　　　　　B. 会计年度

　　C. 会计分期　　　　　　　D. 会计主体

27. 会计核算中，由于有了（　　）基本假设，才产生了本期与非本期的区别，从而出现权责发生制和收付实现制的区别。

　　A. 会计主体　　　　　　　B. 持续经营

　　C. 会计分期　　　　　　　D. 货币计量

28. 对于次要的会计事项，在不影响会计信息真实性和不至于误导财务会计报告使用者作出正确判断的前提下，作适当简化处理，符合会计核算的（　　）原则。

　　A. 及时性　　　　　　　　B. 重要性

　　C. 明晰性　　　　　　　　D. 实质重于形式

29. 编制资产负债表时，把公司经理的个人财产与企业财产放在一起，违背了（　　）。

　　A. 可靠性原则　　　　　　B. 相关性原则

　　C. 重要性原则　　　　　　D. 会计主体假设

30. 企业在会计核算时选择一种"不多计资产或收益，少计负债或费用"的会计处理方法，所遵循的是（　　）原则。
　　A. 权责发生制　　　　　　B. 重要性
　　C. 谨慎性　　　　　　　　D. 可比性

二、多项选择题（每题的备选项中，有两个或两个以上符合题意的正确答案。多选、错选、少选不得分）

1. 下列关于会计的概念的叙述，不正确的是（　　）。
　　A. 会计是以货币为唯一计量单位，反映和监督一个单位经济活动的一种经济管理工作
　　B. 会计是以货币为计量单位，反映和监督一个单位经济活动的一种经济管理工作
　　C. 会计是以货币为主要计量单位，核算一个单位经济活动的一种经济管理工作
　　D. 会计是以货币为主要计量单位，反映和监督一个单位经济活动的一种管理工作

2. 下列属于会计核算的环节的是（　　）。
　　A. 记账　　　B. 记录　　　C. 报告　　　D. 报账

3. 下列关于会计的对象的表述正确的是（　　）。
　　A. 会计的对象是指会计核算和监督的内容
　　B. 凡是特定单位能够以货币表现的经济运动都是会计的对象
　　C. 企业会计的对象就是企业的资金运动
　　D. 企业的资金运动，表现为资金投入、资金运用和资金退出三个过程

4. 下列说法正确的是（　　）。
　　A. 一般来说，凡拥有独立的资金、自主经营、独立核算收支、盈亏并编制报表的企业或单位就构成了一个会计主体

B. 会计主体可以是企业中的一个特定部分，也可以是几个企业组成的企业集团

C. 会计主体一定是法律主体

D. 会计主体假设界定了从事会计工作和提供会计信息的空间范围

5. 下列关于会计主体的说法中，正确的有（　　）。

A. 会计主体一定是法律主体

B. 会计主体可以是独立法人，也可以是非法人

C. 会计主体可以是一个企业，也可以是企业中的一个特定组成部分

D. 会计主体有可能是单一企业，也可能是几个企业组成的企业集团

6. 下列组织可以作为一个会计主体进行会计核算的有（　　）。

A. 独资企业　　　　　　B. 企业的生产或销售部门

C. 分公司　　　　　　　D. 集团公司

7. 会计中期包括（　　）。

A. 月度　　B. 季度　　C. 半年度　　D. 年度

8. 按照权责发生制的要求，下列收入或者费用应归属于本期的有（　　）。

A. 本期销售产品的收入款项，对方尚未付款

B. 预付明年的保险费，银行存款支付

C. 本月收回上月销售产品的货款

D. 尚未实际支付的本月借款利息

9. 某企业本月销售货物 5 000 元，并且该批货物所有权已转移给购货方，本月实际收到货款 3 000 元，余款将于下月收到。该企业以权责发生制为基础确认收入和费用，企业应于本月确认的销售收入金额，不正确的是（　　）元。

A. 5 000　　　　B. 3 000　　　　C. 0　　　　D. 2 000

10. 下列关于权责发生制的说法中，正确的有（　　）。

A. 以本期是否有收款的权利或付款的义务为标准来确认本期的收入和费用

B. 当期已经发生的收入，如果款项没有收到，就不应当作为当期收入

C. 不属于当期的收入，即使款项在当期收到，也不应当作为当期收入

D. 不能将预收或预付的款项作为本期的收入或费用处理

11. 按照收付实现制的要求，下列收入或者费用应归属于本期的是（　　）。

A. 本期销售产品的收入款项，对方尚未付款

B. 预付明年的保险费，银行存款支付

C. 本月收回上月销售产品的货款

D. 预收销售产品的款项，下月发货

12. 以下关于事中监督描述，正确的是（　　）。

A. 事中监督是指在日常会计工作中，对已发生的问题提出建议，促使有关部门和人员采取改进措施

B. 事中监督是对经济活动的日常监督和管理

C. 事中监督是指以事先制定的目标，利用会计核算提供的资料，对已发生的经济活动进行的考核和评价

D. 事中监督是对未来经济活动的指导

13. 会计监督职能是指会计人员在进行会计核算的同时，对经济活动的（　　）进行审查。

A. 及时性　　B. 合法性　　C. 合理性　　D. 时效性

14. 下列属于款项的有（　　）。

A. 银行存款　　　　　　　B. 银行汇票存款

C. 信用卡存款　　　　　　　D. 信用证存款

15. 下列关于货币计量的表述中，正确的有（　　）。

A. 货币计量是指会计主体在会计核算过程中采用货币作为统一的计量单位

B. 企业的会计核算以人民币为记账本位币

C. 在特定情况下，企业也可以选择人民币以外的某一货币作为记账本位币

D. 在境外设立的中国企业向国内报送的财务会计报告，应当折算为人民币

16. 会计核算所产生的会计信息应当具有（　　）。

A. 完整性　　B. 连续性　　C. 系统性　　D. 合法性

17. 关于核算和监督的关系，以下说法正确的有（　　）。

A. 核算和监督两项基本会计职能是相辅相成、辩证统一的关系

B. 会计核算是会计监督的保障，只有监督、没有核算，就难以保证核算所提供信息的真实性、可靠性

C. 会计监督是会计核算的基础，没有监督所提供的各种信息，核算就失去了依据

D. 会计核算是会计监督的基础，没有核算所提供的各种信息，监督就失去了依据

18. 关于会计记录文字的要求，下列说法中正确的有（　　）。

A. 应当使用中文

B. 可以同时使用中文和一种民族文字

C. 可以同时使用中文和一种外国文字

D. 民族自治地方应使用当地通用的一种民族文字

19. 下列各项中，属于会计信息质量的可比性要求的有（　　）。

A. 同一企业不同时期可比

B. 不同企业相同会计期间可比

C. 不同企业不同会计期间可比

D. 不同企业相同经济业务可比

20. 下列各项中，符合实质重于形式要求的有（　　）。

A. 将融资租赁的固定资产作为自有固定资产入账

B. 计提产品质量保证金

C. 售后回购的会计处理

D. 存货期末按照成本与可变现净值孰低计价

三、判断题（正确的请在题后括号中画"√"，错误的请在题后括号中画"×"。不判断、判断错误的均不得分）

1. 款项是作为支付手段的货币资金；有价证券是指表示一定财产拥有权或支配权的证券。款项和有价证券是企业流动性最差的资产。（　　）

2. 企业的资金退出包括偿还各项债务、缴纳各项税费、向所有者分配利润等。（　　）

3. 会计主体前提为会计核算确定了空间范围，会计分期前提为会计核算确定了时间范围。（　　）

4. 会计的职能是指会计在经济管理过程中所具有的功能。（　　）

5. 我国的会计年度是公历1月1日至12月31日。（　　）

6. 资金的退出指的是资金离开本企业，退出资金的循环与周转，主要包括提取盈余公积、偿还各项债务、上交各项税金以及向所有者分配利润等。（　　）

7. 会计的基本职能是会计核算和会计监督，会计监督是首要职能。（　　）

8. 我国历史上，最早在西周时期出现"会计"一词。（　　）

9. 在重置成本计量下，资产和负债按照在公平交易中，熟悉

情况的双方自愿进行资产交换或者债务清偿的金额计量。（　）

10. 会计以货币计量为基本形式，凡是不能用货币计量的经济活动，都不是会计所反映的内容。（　）

11. 存货的可变现净值实质上是指净现金流入，而不是指存货的售价或合同价。（　）

12. 在中华人民共和国境内的外商投资企业、外国企业和其他外国组织的会计记录，可以使用一种外国文字，而不必使用中文。（　）

13. 会计核算的各种方法是互相独立的，一般按会计部门的分工，由不同的会计人员来独立处理。（　）

14. 谨慎性要求，凡是不属于当期的收入和费用，即使款项已在当期收付，也不应当作为当期的收入和费用。（　）

15. 持续经营假设是假设企业可以长生不老，即使进入破产清算，也不应该改变会计核算方法。（　）

16. 会计主体前提为会计核算确定了空间范围，会计分期前提为会计核算确定了时间范围。（　）

17. 我国《企业会计准则——基本准则》是由国务院财政部制定并颁布。（　）

18. 与供应单位签订 50 万元的购销合同是会计应该处理的一项会计事项。（　）

19. 《小企业会计准则》一般适用于在我国境内依法设立、经济规模较小的企业。（　）

20. 企业会计准则具体准则分别规范了存货、长期股权投资、固定资产、投资性房地产、金融工具确认和计量等的会计处理。（　）

四、计算分析题

1. 某公司 2015 年 4 月份发生的部分经济业务如下所示：

（1）销售产品15 000元，货款于当月存入银行；

（2）销售产品5 000元，货款将于5月份到账；

（3）预付8月份的租金3 000元；

（4）收到6月份应收的货款6 000元；

（5）收到购货单位预付货款4 000元，将于5月份交货；

（6）本月应付水电费500元，将于5月份支付。

要求：请分别按照权责发生制和收付实现制计算该公司的收入和费用。

2. 甲公司2015年6月发生以下几项业务：

（1）销售商品一批，总售价72 000元，款已收讫；该批商品成本为65 000元；

（2）预收货款24 000元，款存入银行，商品将在下月支付；

（3）以银行存款预付下季度仓库租金10 800元；

（4）销售商品一批，总售价84 000元，货物已发出，发票已开具，销售合同约定货款将于下月结算；该批商品成本为70 000元；

（5）以银行存款支付本月水电费3 000元；

（6）以银行存款支付本年度第二季度短期借款利息12 000元；

（7）当年3月份已预付本年度第二季度的财产保险费6 000元。

要求：分别采用权责发生制和收付实现制计算6月份净损益。

【参考答案及解析】

一、单项选择题（每题的备选项中，只有一个符合题意的正确答案。多选、错选、不选均不得分）

1. C 　【解析】会计是以货币为主要计量单位的。

2. B 　【解析】会计的基本职能包括会计核算和会计监督。

3. D 　【解析】《簿记论》的问世，标志着近代会计的开始。

4. C 【解析】会计核算是会计监督的基础和前提,会计监督是会计核算的根本保障。

5. B 【解析】会计核算的具体内容包括款型和有价证券的收付、财务的收发、增减和使用、债权、债务的发生和核算、资本的增减,收入、支出、费用、成本的计算,财务成果的计算和处理以及其他需要办理会计手续、进行会计核算的事项。签订销售合同不属于会计核算的内容。

6. D 【解析】会计核算方法体系由填制和审核会计凭证、设置会计科目和账户、复式记账、登记会计账簿、成本计算、财产清查、编制财务会计报告等专门方法构成。D选项不属于会计核算方法体系的内容。

7. B 【解析】会计核算必须以实际发生的交易或事项为依据,A选项说法正确。实际发生的交易或事项是单位在生产经营或业务活动过程中发生的包括引起或未引起资金增减变化的经济活动,并不是发生的所有交易或事项都需要进行会计核算,在签订合同时,并不需要进行会计核算,B选项说法错误。只有当引起资金运动时,才进行会计核算,C选项说法正确。会计核算内容真实与否是关系到会计信息质量的首要环节,任何单位都不得以虚假的交易或事项进行会计核算,D选项说法正确。

8. D 【解析】传统会计分化为财务会计和管理会计两大分支,以及将电子计算机应用于会计领域,这是会计发展史上具有划时代意义的重大事件,它是现代会计形成的重要标志。

9. C 【解析】会计主体与法律主体是不同的概念,法律主体可以是会计主体,但会计主体不一定是法律主体,它明确的是会计核算的空间范围,而不是时间范围。

10. D 【解析】会计监督职能也被称为控制职能,即实施过程控制,包括事前、事中和事后的监督。

11. C 【解析】可比性要求同一企业不同时期发生的相同或者相似的交易或者事项,应当采取一致的会计政策,不得随意变更。确需变更的,应当在附注中说明。另外不同企业发生的相同或者相似的交易或者事项,应当采取规定的会计政策,确保会计信息口径一致、相互可比。新准则把原准则的一贯性和可比性合并为可比性。

12. D 【解析】可理解性要求企业提供的会计信息应当清晰明了,便于投资者等财务报告使用者理解和使用。

13. D 【解析】会计核算的最终环节是报告,是指通过编制会计报表的形式向有关方面和人员提供会计信息,它是会计工作的最终环节。

14. C 【解析】企业会计核算应当以权责发生制为基础进行会计确认、计量和报告。

15. D 【解析】我国行政单位会计主要采用收付实现制为基础进行会计确认、计量和报告。

16. A 【解析】持续经营的前提是会计主体不会破产清算。

17. B 【解析】如果企业不会持续经营下去,固定资产就不应采用历史成本计价以及计提折旧。

18. D 【解析】可靠性要求企业应当以实际发生的交易或者事项为依据进行确认、计量和报告。如实反映符合确认和计量要求的各项会计要素及其他相关信息,保证会计信息真实可靠、内容完整。

19. B 【解析】预付全年房屋租金 36 000 元应作为待摊费用,本月应待摊 36 000÷12 = 3 000 元,计入本月费用;支付上年第 4 季度银行借款利息 16 200 元属于上年的财务费用;以现金 520 元购买行政管理部门使用的办公用品应计入管理费用;本月应负担的银行借款利息 4 500 元计入财务费用;故按权责发生制确定的本月费用为 8 020 元（3 000 + 520 + 4 500）。故答案为 B。

20．C 【解析】企业资金的投入包括所有者投入的资金和债权人投入的资金，前者形成企业的所有者权益，后者形成企业的负债。

21．A 【解析】无形资产是指企业为生产商品、提供劳务，出租给他人或为管理目的而持有的、没有实物形态的，可辨认的非货币性长期资产，包括专利权、非专利技术、商标权、著作权、土地使用权、特许权等。

22．C 【解析】款项是作为支付手段的货币资金，主要包括库存现金、银行存款以及其他视同库存现金或银行存款使用的外埠存款、银行汇票存款、银行本票存款、信用卡存款和信用证存款等。

23．D 【解析】财物是财产物资的简称，企业的财物是企业进行生产经营活动且具有实物形态的经济资源，包括原材料、燃料、包装物、低值易耗品、在产品、库存商品等流动资产，以及房屋、机器设备、设施、运输工具等固定资产。专利权不具有实物形态，所以不是企业的财物。

24．B 【解析】支付职工工资属于资金的循环与周转过程。

25．D 【解析】资金运动的第三个层次是资金的退出，资金退出过程包括偿还各项债务、上交各项税费、向所有者分配利润等。

26．C 【解析】会计分期作为会计核算的基本前提，就是将一个会计主体持续的生产经营活动划分为若干个相等的会计期间。

27．C 【解析】会计核算中有了会计分期基本假设，才产生了本期与非本期的区别，从而出现权责发生制和收付实现制的区别。

28．B 【解析】对于次要的会计事项，在不影响会计信息真实性和不至于误导财务会计报告使用者作出正确判断的前提下，作适当简化处理，符合会计核算的重要性原则。

29. D　【解析】会计主体，是指会计所核算和监督的特定单位或者组织。个人不属于会计主体。

30. C　【解析】谨慎性要求企业不多计资产或收益，少计负债或费用。

二、多项选择题（每题的备选项中，有两个或两个以上符合题意的正确答案。多选、错选、少选不得分）

1. ABCD　【解析】本题考核会计的定义。会计是以货币为主要计量单位，反映和监督一个单位经济活动的一种经济管理工作。

2. BC　【解析】会计核算包括确认、计量、记录、报告等环节，记账和报账属于会计核算的工作。

3. ABCD　【解析】会计的对象是指会计核算和监督的内容；凡是特定单位能够以货币表现的经济运动都是会计核算和监督的内容，也就是会计的对象；企业会计的对象就是企业的资金运动；企业的资金运动，表现为资金投入、资金运用和资金退出三个过程。

4. ABD　【解析】会计主体与法律主体并不是对等的概念，法律主体可作为会计主体，但会计主体不一定是法律主体。

5. BCD　【解析】本题考核会计主体的相关内容。

6. ABCD　【解析】本题考核会计主体。

7. ABC　【解析】本题考核会计分期。

8. AD　【解析】本题考核权责发生制。

9. BCD　【解析】本题考核权责发生制。根据权责发生制，该笔业务已经发生，本月已经计入，因此本月确定收入5 000元。

10. ACD　【解析】本题考核权责发生制。

11. BCD 【解析】本题考核收付实现制。

12. AB 【解析】本题的考点为会计监督职能的内容。

13. BC 【解析】会计监督是指在核算过程中,对经济活动的合法性和合理性所实施的审查。

14. ABCD 【解析】该题针对"款项的内容"知识点进行考核。

15. ABCD 【解析】本题的考点为货币计量假设的内容。

16. ABC 【解析】本题的考点为会计核算职能的特征。会计核算所产生的会计信息应当具有完整性、连续性和系统性。

17. AD 【解析】本题的考点为会计核算和会计监督的关系。会计的两项基本职能是相辅相成、辩证统一的关系。会计核算是会计监督的基础,没有会计核算所提供的信息,监督就失去了依据;而会计监督又是会计核算质量的保障,只有核算没有监督,难以保证核算所提供信息的真实性、可靠性。

18. ABC 【解析】该题针对"会计记录文字的要求"知识点进行考核。

19. AB 【解析】可比性要求企业提供的会计信息应当相互可比,这主要包括同一企业不同会计期间以及不同企业相同会计期间可比。

20. AC 【解析】实质重于形式要求企业应当按照交易或事项的经济实质进行核算,而不仅仅按照他们的法律形式作为会计核算的依据。选项B和选项D都体现了谨慎性要求。

三、判断题(正确的请在题后括号中画"√",错误的请在题后括号中画"×"。不判断、判断错误的均不得分)

1. × 【解析】款项和有价证券是企业流动性最强的资产。

2. √

3. √

4. √

5. √

6. × 【解析】提取盈余公积并不会导致资金离开本企业,不属于资金的退出。

7. × 【解析】会计核算是首要职能。

8. √

9. × 【解析】在重置成本计量下,资产按照现在购买相同或者相似资产所需支付的现金或者现金等价物的金额计量;负债按照现在偿付该项债务所需支付的现金或者现金等价物的金额计量。故本题说法错误。

10. √

11. √

12. × 【解析】会计记录的文字应当使用中文。在中华人民共和国境内的外商投资企业、外国企业和其他外国组织的会计记录,可以同时使用一种外国文字。

13. × 【解析】会计核算的各种方法是互相联系的。

14. × 【解析】权责发生制下,凡事当期已经实现的收入和已经发生应当负担的费用,不论款项是否收付,都应当作为当期的收入和费用;凡是不属于当期的收入和费用,即使款项已在当期收付,也不应当作为当期的收入和费用。

15. × 【解析】持续经营只是一个假定,任何企业在经营中都存在破产、清算等不能持续经营的风险,如果判断企业不会持续经营下去,就应当改变会计核算的原则和方法,并在企业财务会计报告中作相应披露,以达到如实披露企业实际情况的目的。

16. √

17. √

18. ×　【解析】与供应单位签订 50 万元的购销合同这项行为并不引起资金的变动，不是会计事项。

19. √

20. √

四、计算分析题

1.

某公司 2015 年 4 月部分经济业务　　　单位：元

权责发生制		收付实现制	
收入	费用	收入	费用
15 000	—	15 000	—
5 000	—	—	—
—	—	—	3 000
—	—	6 000	—
—	—	4 000	—
—	500	—	—
20 000	500	25 000	3 000

2.（1）采用权责发生制时：

6 月份的收入为：72 000 + 84 000 = 156 000（元）

6 月份的费用为：65 000 + 70 000 + 3 000 + 4 000 + 2 000 = 144 000（元）

6 月份净收益为：156 000 − 144 000 = 12 000（元）

（2）采用收付实现制时：

6 月份的收入为：72 000 + 24 000 = 96 000（元）

6 月份的费用为：65 000 + 10 800 + 3 000 + 12 000 = 90 800（元）

6 月份净收益为：96 000 − 90 800 = 5200（元）

第二章 会计要素与会计等式

【考情分析】

本章属于全书的基础性章节，也是本课程的入门章节，对理解第五章"借贷记账法下主要经济业务的账务处理"的意义重大。本章在考试中所占分值较高，考点较多，会涉及所有题型。本章的重点为：会计要素的含义与特征、会计等式的表现形式、基本经济业务的类型等。

【知识结构图示】

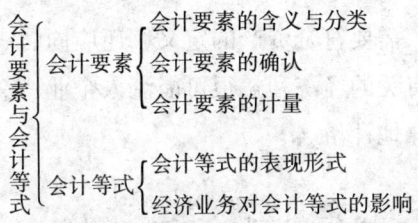

【本章知识要点】

第一节 会计要素

一、会计要素的含义与分类

（一）会计要素的含义

会计要素是指根据交易或者事项的经济特征所确定的财务会计对象的基本分类。

（二）会计要素的分类

我国《企业会计准则——基本准则》将会计要素划分为资产、负债、所有者权益、收入、费用和利润六类，其中，前三类属于反映财务状况的会计要素，在资产负债表中列示；后三类属于反映经营成果的会计要素，在利润表中列示。

二、会计要素的确认

（一）资产

1. 资产的含义与特征

资产是指企业过去的交易或者事项形成的、由企业拥有或控制的、预期会给企业带来经济利益的资源。

资产具有以下特征：

第一，资产是由企业过去的交易或者事项形成的。

第二，资产是企业拥有或者控制的资源。

第三，资产预期会给企业带来经济利益。

2. 资产的确认条件

将一项资源确认为资产，需要符合资产的定义，还应同时满足以下两个条件：①与该资源有关的经济利益很可能流入企业；②该资源的成本或者价值能够可靠地计量。

3. 资产的分类

资产按流动性进行分类，可以分为流动资产和非流动资产。

流动资产是指预计在一个正常营业周期中变现、出售或耗用，或者主要为交易目的而持有，或者预计在资产负债表日起一年内（含一年）变现的资产，以及自资产负债表日起一年内交换其他资产或清偿负债的能力不受限制的现金或现金等价物。非流动资产是指流动资产以外的资产。

一个正常营业周期是指企业从购买用于加工的资产起至实现现金或现金等价物的期间。正常营业周期通常短于一年，在一年内有几个营业周期。但是，也存在正常营业周期长于一年的情况，在这种情况下，与生产循环相关的产成品、应收账款、原材料尽管是超过一年才变现、出售或耗用，仍应作为流动资产。当正常营业周期不能确定时，应当以一年（12个月）作为正常营业周期。

【经典例题·判断】资产按实物形态可分为流动资产和非流动资产。（　　）

【答案】×

【解析】企业的资产按其流动性可分为流动资产和非流动资产两大类。

（二）负债

1．负债的含义与特征

负债是指企业过去的交易或者事项形成的，预期会导致经济利益流出企业的现时义务。

负债具有以下特征：①负债是由企业过去的交易或者事项形成的；②负债是企业承担的现时义务；③负债预期会导致经济利益流出企业。

2．负债的确认条件

将一项现时义务确认为负债，需要符合负债的定义，还应当同时满足以下两个条件：①与该义务有关的经济利益很可能流出企业；②未来流出的经济利益的金额能够可靠地计量。

3．负债的分类

按偿还期限的长短，一般将负债分为流动负债和非流动负债。

流动负债是指预计在一个正常营业周期中偿还，或者主要为交易目的而持有，或者自资产负债表日起一年内（含一年）到期应予以清偿，或者企业无权自主地将清偿推迟至资产负债表日以后一年以上的负债。

非流动负债是指流动负债以外的负债。

【经典例题·单选】负债特征不包括（　　）。

A．负债包括流动负债和非流动负债

B．负债是企业承担的现时义务

C．负债预期会导致经济利益流出企业

D. 负债是由企业过去的交易或者事项形成的

【答案】A

【解析】选项 A 是负债的包括范围而不是特征。

(三) 所有者权益

1. 所有者权益的含义与特征

所有者权益是指企业资产扣除负债后由所有者享有的剩余权益。公司的所有者权益又称为股东权益。

所有者权益具有以下特征：①除非发生减资、清算或分派现金股利，企业不需要偿还所有者权益；②企业清算时，只有在清偿所有的负债后，所有者权益才返还给所有者；③所有者凭借所有者权益能够参与企业利润的分配。

2. 所有者权益的确认条件

所有者权益的确认、计量主要取决于资产、负债、收入、费用等其他会计要素的确认和计量。所有者权益在数量上等于企业资产总额扣除债权人权益后的净额，即为企业的净资产，反映所有者（股东）在企业资产中享有的经济利益。

3. 所有者权益的分类

所有者权益的来源包括所有者投入的资本、直接计入所有者权益的利得和损失、留存收益等，具体表现为实收资本（或股本）、资本公积（含资本溢价或股本溢价、其他资本公积）、盈余公积和未分配利润。

所有者投入的资本是指所有者投入企业的资本部分，它既包括构成企业注册资本（实收资本）或者股本部分的金额，也包括投入资本超过注册资本或者股本部分的金额，即资本溢价或者股本溢价，这部分投入资本在我国企业会计准则体系中被计入了资本公积，并在资产负债表中的资本公积项目反映。

直接计入所有者权益的利得和损失，是指不应计入当期损益、会导致所有者权益发生增减变动的、与所有者投入资本或者向所有者分配利润无关的利得或者损失。留存收益是盈余公积和未分配利润的统称。

【经典例题·判断】利得和损失可能计入所有者权益，也可能计入当期损益。（　　）

【答案】√

（四）收入

1．收入的含义与特征

收入是指企业在日常活动中形成的、会导致所有者权益增加的、与所有者投入资本无关的经济利益的总流入。

收入具有以下特征：

第一，收入是企业在日常活动中形成的。

第二，收入会导致所有者权益的增加。

第三，收入是与所有者投入资本无关的经济利益的总流入。

2．收入的确认条件

一般而言，收入只有在经济利益很可能流入从而导致企业资产增加或者负债减少、经济利益的流入额能够可靠计量时才能予以确认。即收入的确认至少应当符合以下条件：一是与收入相关的经济利益应当很可能流入企业；二是经济利益流入企业的结果会导致资产的增加或者负债的减少；三是经济利益的流入额能够可靠计量。

3．收入的分类

按企业经营业务的主次分为主营业务收入和其他业务收入。主营业务收入一般指的是营业执照注明的主营业务所取得的收入。其他业务收入一般指的是主营业务收入以外的所有通过销售商品、提供劳务收入及让渡资产使用权等日常活动中所形成的经济利益的流入。

收入按性质不同，可分为销售商品收入、提供劳务收入、让渡资产使用权收入等。

(五) 费用

1. 费用的含义与特征

费用是指企业在日常活动中发生的、会导致所有者权益减少的、与向所有者分配利润无关的经济利益的总流出。

费用具有以下特征：①费用是企业在日常活动中发生的；②费用会导致所有者权益的减少；③费用是与向所有者分配利润无关的经济利益的总流出。

2. 费用的确认条件

费用的确认除了应当符合定义之外，也应当满足严格的条件，即费用只有在经济利益很可能流出从而导致企业资产减少或者负债增加、经济利益的流出额能够可靠计量时才能予以确认。因此，费用的确认至少应当符合以下条件：一是与费用相关的经济利益应当很可能流出企业；二是经济利益流出企业的结果会导致资产的减少或者负债的增加；三是经济利益的流出额能够可靠计量。

3. 费用的分类

费用包括生产费用与期间费用。

生产费用是指与企业日常生产经营活动有关的费用，按其经济用途可分为直接材料、直接人工和制造费用。生产费用应按其实际发生情况计入产品的生产成本；对于生产几种产品共同发生的生产费用，应当按照受益原则，采用适当的方法和程序分配计入相关产品的生产成本。

期间费用是指企业本期发生的、不能直接或间接归入产品生产成本，而应直接计入当期损益的各项费用，包括管理费用、销售费用和财务费用。

【经典例题·单选】企业申请使用银行承兑汇票而向承兑银行缴纳的手续费应计入（　　）。

A. 管理费用　　　　　　　B. 财务费用
C. 生产成本　　　　　　　D. 销售费用

【答案】B

【解析】财务费用是指企业为筹集生产经营所需资金等而发生的筹资费用，包括利息支出（减利息收入）、汇兑损益和相关的手续费等。

（六）利润

1．利润的含义与特征

利润是指企业在一定会计期间的经营成果。反映的是企业的经营业绩情况，是业绩考核的重要指标。

2．利润的确认条件

利润反映收入减去费用、直接计入当期利润的利得减去损失后的净额。利润的确认主要依赖于收入和费用，以及直接计入当期利润的利得和损失的确认，其金额的确定也主要取决于收入、费用、利得、损失金额的计量。

3．利润的分类

利润包括收入减去费用后的净额、直接计入当期损益的利得和损失等。其中，收入减去费用后的净额反映企业日常活动的经营业绩；直接计入当期损益的利得和损失反映企业非日常活动的业绩。

直接计入当期损益的利得和损失，是指应当计入当期损益、最终会引起所有者权益发生增减变动的、与所有者投入资本或者向所有者分配利润无关的利得或者损失。企业应当严格区分收入和利得、费用和损失，以便全面反映企业的经营业绩。

【经典例题·多选】某企业本年营业利润3 200万元，营业外收入500万元，营业外支出100万元，净利润3 100万元。关于该企业本年度有关指标的表述，正确的有（　　）。

A. 利润总额3 600万元　　　　B. 利润总额3 700万元

C. 所得税费用500万元　　　　D. 所得税费用900万元

【答案】AC

【解析】利润总额=3 200+500-100=3 600（万元）；所得税费用=3 600-3 100=500（万元）。

【经典例题·判断】利润表中的"营业税金及附加"项目，反映企业日常经营活动应负担的消费税、营业税、城市维护建设税、所得税等税金和教育费附加。（　　）

【答案】×

【解析】营业税金及附加不包括所得税。

三、会计要素的计量

会计要素的计量是为了将符合确认条件的会计要素登记入账并列报于财务报表而确定其金额的过程。企业应当按照规定的会计计量属性进行计量，确定相关金额。

（一）会计计量属性及其构成

会计计量属性是指会计要素的数量特征或外在表现形式，反映了会计要素金额的确定基础，主要包括历史成本、重置成本、可变现净值、现值和公允价值等。

1．历史成本

历史成本，又称为实际成本，是指为取得或制造某项财产物资实际支付的现金或其他等价物。

2．重置成本

重置成本，又称现行成本，是指按照当前市场条件，重新取得同样一项资产所需要支付的现金或者现金等价物金额。

3．可变现净值

可变现净值是指在正常的生产经营过程中，以预计售价减去进一步加工成本和预计销售费用以及相关税费后的净值。

4．现值

现值是指对未来现金流量以恰当的折现率进行折现后的价值，是考虑货币时间价值的一种计量属性。

5．公允价值

公允价值是指市场参与者在计量日发生的有序交易中，出售一项资产所能收到或者转移一项负债所需支付的价格。

（二）计量属性的运用原则

企业在对会计要素进行计量时，一般应当采用历史成本。采用重置成本、可变现净值、现值、公允价值计量的，应当保证所确定的会计要素金额能够持续取得并可靠计量。

第二节 会计等式

会计等式，又称会计恒等式、会计方程式或会计平衡公式，它是表明各会计要素之间基本关系的等式。

一、会计等式的表现形式

（一）财务状况等式

财务状况等式，亦称基本会计等式和静态会计等式，是用以反映企业某一特定时点资产、负债和所有者权益三者之间平衡关系的会计等式。即：

$$资产 = 负债 + 所有者权益$$

这一等式是复式记账法的理论基础，也是编制资产负债表的依据。

（二）经营成果等式

经营成果等式，亦称动态会计等式，是用以反映企业一定时期收入、费用和利润之间恒等关系的会计等式。即：

$$收入 - 费用 = 利润$$

这一等式反映了利润的实现过程，是编制利润表的依据。

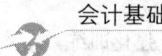

【经典例题·单选】下列各项中,能够使企业资产总额减少的是( )。

A. 向银行借款

B. 向银行借款直接偿还应付账款

C. 以银行存款偿还借款

D. 接受投资者投入现金

【答案】C

【解析】向银行借款会使资产和负债同时增加;向银行借款直接偿还应付账款会使负债内部一增一减,资产和权益总额不变;以银行存款偿还借款会使资产和负债同时减少,资产总额减少;接受投资者投入的现金会使资产和所有者权益同时增加,资产总额增加。

(三)财务状况与经营成果相结合的等式

一定时期的经营成果必然影响到一定时点的财务状况,六个会计要素之间的关系可用下式表示:

$$资产 = 负债 + 所有者权益 + (收入 - 费用)$$
$$= 负债 + 所有者权益 + 利润$$

二、经济业务对会计等式的影响

经济业务,又称会计事项,是指在经济活动中使会计要素发生增减变动的交易或者事项。

企业经济业务按其对财务状况等式的影响不同可以分为以下九种基本类型:

(1)一项资产增加、另一项资产等额减少的经济业务;

(2)一项资产增加、一项负债等额增加的经济业务;

(3)一项资产增加、一项所有者权益等额增加的经济业务;

(4)一项资产减少、一项负债等额减少的经济业务;

(5)一项资产减少、一项所有者权益等额减少的经济业务;

(6) 一项负债增加、另一项负债等额减少的经济业务；

(7) 一项负债增加、一项所有者权益等额减少的经济业务；

(8) 一项所有者权益增加、一项负债等额减少的经济业务；

(9) 一项所有者权益增加、另一项所有者权益等额减少的经济业务。

上述九类基本经济业务的发生均不影响财务状况等式的平衡关系，具体分为三种情形：基本经济业务（1）、（6）、（7）、（8）、（9）使财务状况等式左右两边的金额保持不变；基本经济业务（2）、（3）使财务状况等式左右两边的金额等额增加；基本经济业务（4）、（5）使财务状况等式左右两边的金额等额减少。

【题库·同步强化练习】

一、单项选择题（每题的备选项中，只有一个符合题意的正确答案。多选、错选、不选均不得分）

1. 投资人投入的资金和债权人投入的资金，投入企业后，形成企业的（　　）。

　　A. 成本　　　　B. 费用　　　　C. 资产　　　　D. 负债

2. 下列不属于资产特征的是（　　）。

　　A. 是由过去的交易或事项引起的

　　B. 是现在已经承担的责任并且是企业将来要清偿的义务

　　C. 是企业拥有或控制的

　　D. 能够给企业带来未来经济利益

3. 下列属于反映企业财务状况的会计要素是（　　）。

　　A. 收入　　　　　　　　　B. 所有者权益

　　C. 费用　　　　　　　　　D. 利润

4. 下列属于反映企业经营成果的会计要素的是（　　）。

　　A. 费用　　　　　　　　　B. 资产

C. 负债 D. 所有者权益

5. 下列各项中，不作为企业资产加以核算和反映的是（　　）。

A. 准备出售的机器设备　　B. 委托加工的物资

C. 经营租出的设备　　D. 待处理财产损溢

6. 属于流动负债的是（　　）。

A. 预收账款　　B. 应收账款

C. 应收票据　　D. 应付债券

7. 下列属于企业流动资产的是（　　）。

A. 预收账款　　B. 预提费用

C. 预付账款　　D. 无形资产

8. 下列各项中，符合会计要素中收入定义的是（　　）。

A. 出售材料收入

B. 出售无形资产收入

C. 出售固定资产收入

D. 向购货方收回的销货代垫运费

9. （　　）反映了会计要素之间的基本数量关系。

A. 会计科目　　B. 货币计量

C. 复式记账法　　D. 会计等式

10. 下列关于所有者权益的表述中，正确的是（　　）。

A. 所有者权益是指企业投资者投入的资本，即实收资本

B. 所有者权益通常划分为实收资本、资本公积和未分配利润

C. 所有者权益是指企业资产扣除负债后由所有者享有的剩余权益

D. 所有者权益的形成来源包括所有者投入的资本和留存收益

11. 下列各项中，（　　）不属于企业资产。

A. 股本　　B. 融资租入的设备

C. 经营租出的厂房　　D. 非专利技术

12. 资产按照正常对外销售所能收到的现金或现金等价物扣减该资产至完工估计将要发生的成本、销售费用以及相关税费后的金额计量的价值,称为( )。

   A. 历史成本　　　　　　　B. 重置成本
   C. 可变现净值　　　　　　D. 现值

13. 资产按照购买时所支付的现金或者现金等价物的金额计量的价值,称为( )。

   A. 历史成本　　　　　　　B. 重置成本
   C. 公允价值　　　　　　　D. 现值

14. 下列关于会计要素表述中,正确的是( )。

   A. 负债是企业承担的潜在义务
   B. 利润是企业一定期间内收入减去费用后的净额
   C. 资产预期能给企业带来经济利益
   D. 收入是导致所有者权益增加的经济利益的总流入

15. 对盘盈的固定资产进行计量,常用的会计计量属性是( )。

   A. 历史成本　　　　　　　B. 重置成本
   C. 可变现净值　　　　　　D. 现值

16. 一项资产的增加,不可能引起( )。

   A. 另一项资产的减少　　　B. 一项所有者权益的增加
   C. 一项负债的增加　　　　D. 一项负债的减少

17. 经批准用盈余公积转增资本,属于( )。

   A. 一项负债增加,另一项负债减少
   B. 一项所有者权益增加,另一项所有者权益减少
   C. 一项资产和一项负债同时减少
   D. 一项资产增加,另一项资产减少

18. 计算机分配应交所得税,这项经济业务引起的变化是

(   )。

　　A. 一项负债增加,一项负债减少

　　B. 一项负债增加,一项费用增加

　　C. 一项负债增加,一项资产增加

　　D. 一项负债增加,一项所有者权益减少

19. 投资者投入设备一台,该项经济业务引起(   )。

　　A. 一项资产增加,一项负债增加

　　B. 一项资产增加,一项所有者权益增加

　　C. 一项资产增加,一项资产减少

　　D. 一项资产增加,一项负债减少

20. 下列经济业务同时引起资产与所有者权益变化的是(   )。

　　A. 向银行借入款项　　　　　　B. 债务转为资本

　　C. 投资者投入资本　　　　　　D. 资本公积转增资本

二、多项选择题(每题的备选项中,有两个或两个以上符合题意的正确答案。多选、错选、少选不得分)

1. 下列属于会计等式的是(   )。

　　A. 本期借方发生额合计 = 本期贷方发生额合计

　　B. 本期借方余额合计 = 本期贷方余额合计

　　C. 资产 = 负债 + 所有者权益

　　D. 收入 – 费用 = 利润

2. 下列反映资金运动静态表现的会计要素是(   )。

　　A. 资产　　　　B. 负债　　　　C. 收入　　　　D. 利润

3. 所有者权益的内容包括(   )。

　　A. 盈余公积　　　　　　　　　B. 实收资本

　　C. 未分配利润　　　　　　　　D. 资本公积

4. 导致所有者权益减少的经济事项包括(   )。

A. 收入的实现 B. 费用的发生

C. 向投资者分配利润 D. 提取盈余公积

5. 下列项目属于非流动资产的是（ ）。

A. 原材料 B. 固定资产

C. 专利权 D. 在建工程

6. 下列经济业务会引起资产和负债同时减少的是（ ）。

A. 用银行存款偿还前欠货款

B. 以银行存款购买办公用品

C. 以现金发放职工工资

D. 以银行存款支付应交的所得税

7. 下列项目中，属于所有者权益直接来源的有（ ）。

A. 所有者投入的资本

B. 不应当计入当期损益的利得或损失

C. 留存收益

D. 收入

8. 会计计量属性包括（ ）。

A. 权责发生制 B. 历史成本

C. 现值 D. 公允价值

9. 会计等式反映了会计要素之间的关系，是（ ）的理论基础。

A. 复式记账 B. 设置会计账户

C. 财产清查 D. 编制会计报表

10. 下列关于会计等式的说法中，正确的有（ ）。

A. "资产 = 负债 + 所有者权益" 是最基本的会计等式，表明了会计主体在某一特定时期所拥有的各种资产与债权人、所有者之间的动态关系

B. "收入 − 费用 = 利润" 这一等式动态地反映经营成果与相

应期间的收入和费用之间的关系,是企业编制利润表的基础

C. "资产=负债+所有者权益"这一会计等式说明了企业经营成果对资产和所有者权益所产生的影响,体现了会计六要素之间的内在联系

D. 企业各项经济业务的发生并不会破坏会计基本等式的平衡关系

11. 下列经济业务中,引起等式两边总额发生变化的是( )。

A. 向银行借入款项 30 000 元

B. 投资者投入设备一台,价值 78 000 元

C. 购入材料一批,价值 58 000 元,款项尚未支付

D. 以银行存款购入机器一台,价值 70 000 元

12. 可变现净值,是指在正常生产经营过程中,以预计售价减去( )后的净值。

A. 进一步加工成本　　　　B. 销售所必需的预计税金

C. 销售所必需的费用　　　D. 最终年置收入

13. 下列项目中,属于资产范围的有( )。

A. 融资租入的设备　　　　B. 经营租入的设备

C. 委托加工商品　　　　　D. 无形资产

14. 下列项目中,与管理费用属于同一类科目的是( )。

A. 制造费用　　　　　　　B. 销售费用

C. 财务费用　　　　　　　D. 其他应收款

15. 下列属于期间费用的有( )。

A. 制造费用　　　　　　　B. 销售费用

C. 管理费用　　　　　　　D. 财务费用

三、判断题(正确的请在题后括号中画"√",错误的请在题后括号中画"×"。不判断、判断错误的均不得分)

1. 资产是指企业现时的交易或者事项形成的、由企业拥有或

者控制的、预期会给企业带来经济利益的资源。(　　)

2. 资产、负债和所有者权益构成资产负债表的基本框架，收入、费用和利润构成利润表的基本框架，因而这六项会计要素又称为财务报表要素。(　　)

3. 负债是现在交易或事项所引起的现有义务。(　　)

4. 在公允价值计量下，资产按照现在购买相同或者相似资产所需支付的现金或者现金等价物的金额计量。(　　)

5. 只要是由过去的交易或事项形成的并由企业拥有或控制的资源，均应确认为企业的一项资产。(　　)

6. 经济业务的发生可能破坏"资产＝负债＋所有者权益"的平衡关系。(　　)

7. 会计恒等式是复式记账法的理论基础和企业编制资产负债表的依据。(　　)

8. 任何一项经济业务的发生都不会破坏会计等式的平衡关系，只会引起资产和权益同时增加或同时减少。(　　)

9. 如果等式"资产＝负债＋所有者权益"是恒等式，那么"资产＋费用＝负债＋所有者权益＋收入"这个等式不成立。(　　)

10. "收入－费用＝利润"反映的是资金运动的动态方面，反映的是某一会计期间的经营成果，反映一个过程，是编制利润表的依据。(　　)

四、计算分析题

1. 某公司 2015 年年初的资产总额为 900 000 元，负债为 500 000 元。2015 年 1 月份发生下列交易事项：

(1) 公司行政办公室职工因公出差，预借差旅费 1 000 元，以现金支付。

(2) 收到投资方投入设备一台，投资合同约定其价值（该约定价值是公允的）为 50 000 元（假定不考虑增值税）。

(3) 开出并承兑面值为 30 000 元的商业汇票一份，抵付前欠某单位货款。

(4) 按规定分配给投资者 2009 年度利润 60 000 元，款项尚未支付。

(5) 以银行存款 5 000 元偿还前欠某单位账款。

要求根据本题资料，完成下列问题：

(1) 该公司 2015 年 1 月份发生的交易或事项，会引起资产负债表要素月末比年初的变动有（　　）。

A. 资产增加 45 000 元

B. 负债增加 55 000 元

C. 所有者权益增加 50 000 元

D. 所有者权益减少 10 000 元

(2) 该公司 2015 年 1 月份发生的交易或事项，应编制的会计分录有（　　）。

A. 借：管理费用——差旅费　　1 000
　　贷：库存现金　　1 000

B. 借：固定资产　　50 000
　　贷：实收资本　　50 000

C. 借：应付票据　　30 000
　　贷：应付账款　　30 000

D. 借：利润分配　　60 000
　　贷：应付股利　　60 000

(3) 该公司 2015 年 1 月份发生的第 (5) 笔交易或事项对会计基本等式的影响是（　　）。

A. 资产和负债同时减少 5 000 元，不破坏会计基本等式

B. 资产和负债同时增加 5 000 元，不破坏会计基本等式

C. 资产的不同项目此增彼减，资产总额不变

D. 负债与所有者权益此增彼减，权益总额不变

（4）该公司 2015 年 1 月末的资产总额为（　　）元。

A. 951 000　　B. 945 000　　C. 944 000　　D. 895 000

（5）该公司 2015 年 1 月末的所有者权益总额为（　　）元。

A. 450 000　　B. 400 000　　C. 390 000　　D. 340 000

2. 假设某公司 7 月初资产总额和权益总额均为 8 000 000 元，6 月份发生下列部分经济业务：

（1）该公司接受甲公司投资 550 000 元，款项存入银行。

（2）该公司从银行存款中提取 20 000 元现金备用。

（3）该公司以银行存款 50 000 元归还前欠甲公司货款。

（4）该公司经批准将资本公积 80 000 元转增资本。

要求：根据以上经济业务，对以下 5 个问题分别作出正确的选择。

（1）经济业务（1）的发生对会计等式的影响是（　　）元。

A. 资产增加 550 000　　　　B. 权益增加 550 000

C. 资产减少 550 000　　　　D. 权益减少 550 000

（2）经济业务（2）的发生对会计等式的影响是（　　）元。

A. 资产增加 20 000　　　　B. 权益增加 20 000

C. 资产减少 20 000　　　　D. 权益减少 20 000

（3）经济业务（3）的发生对会计等式的影响是（　　）元。

A. 资产增加 50 000　　　　B. 权益增加 50 000

C. 资产减少 50 000　　　　D. 权益减少 50 000

（4）经济业务（4）的发生对会计等式的影响是（　　）元。

A. 资产增加 80 000　　　　B. 权益增加 80 000

C. 资产减少 80 000　　　　D. 权益减少 80 000

（5）经济业务（1）~（4）发生后，资产总额和权益总额为

（   ）元。

A. 8 520 000   B. 8 600 000   C. 8 500 000   D. 8 000 000

【参考答案及解析】

一、单项选择题（每题的备选项中，只有一个符合题意的正确答案。多选、错选、不选均不得分）

1. C   【解析】所有者投入的资金，成为所有者权益；债权人投入的资金，成为负债。资金投入企业后，形成企业的资产。

2. B   【解析】资产具有以下特征：①资产是由企业过去的交易或者事项形成的；②资产是企业拥有或者控制的资源；③资产预期会给企业带来经济利益。

3. B   【解析】会计要素是对会计对象的基本分类，是会计对象的具体化。共计包括六个会计要素，分为两大类。

一类是反映财务状况的会计要素，包括资产、负债和所有者权益；另一类是反映经营成果的会计要素，包括收入、费用和利润。

4. A   【解析】会计要素分为两大类，一类是反映财务状况的会计要素，包括资产、负债和所有者权益；另一类是反映经营成果的会计要素，包括收入、费用和利润。

5. D   【解析】资产是指由于过去的交易或事项形成，并由企业拥有或者控制的资源，该资源预期会给企业带来经济利益。根据资产的定义可知，ABC 选项内容应作为企业资产加以核算和反映。"待处理财产损溢"科目核算企业在清查财产过程中查明的各种财产盘盈、盘亏和毁损的价值，是一个临时的过渡科目。因此不作为企业资产加以核算和反映。故选 D。

6. A   【解析】流动负债是指将在一年或者超过一年的一个营业周期内偿还的债务，包括短期借款、应付票据、应付账款、预收货款、应付工资、应付福利费、应交税金、应付股利、其他暂收及应付款、预提费用和1年内到期的长期借款等。选项B和选项C都属于流动资产,选项D属于长期负债。

7. C 【解析】资产按其流动性分为流动资产、长期投资、固定资产、无形资产和其他资产。显然,D不是答案。预收账款和预提费用属于企业的流动负债,所以,A、B不是答案。预付账款属于预付款项,属于企业的流动资产,因此,C是答案。

8. A 【解析】出售材料收入为企业的其他业务收入,符合收入定义;出售无形资产与固定资产的收入,均为企业的营业外收入,是企业偶发事项,不符合收入定义;向购货方收回代垫运费,不是收入,只是债权的收回。

9. D 【解析】只有会计等式中有会计要素的名称。

10. C 【解析】所有者权益是指企业资产扣除负债后由所有者享有的剩余权益,所有者权益包括所有者投入的资本、直接计入所有者权益的利得和损失、留存收益等。

11. A 【解析】股本属于企业所有者权益。

12. C 【解析】此题考查计量属性定义。

13. A 【解析】历史成本,又称为实际成本,就是取得或制造某项财产物资时所实际支付的现金或其他等价物。在历史成本计量下,资产按照其购置时支付的现金或者现金等价物的金额,或者按照购置资产时所付出的对价的公允价值计量。负债按照其因承担现时义务而实际收到的款项或者资产的金额,或者承担现时义务的合同金额,或者按照日常活动中为偿还负债预期需要支付的现金或者现金等价物的金额计量。

14. C 【解析】负债是企业承担的现时义务;利润包括收入减去费用后的净额、直接计入利润的利得和损失;收入是指企业在日常活动中形成的、会导致所有者权益增加的、与所有者投入资本无关的经济利益的总流入。

15. B 【解析】重置成本是指按照当前市场条件，重新取得同样一项资产所需支付的现金或现金等价物的金额。重置成本多应用于盘盈固定资产的计量。

16. D 【解析】等式两边不会一边增加，一边减少，所以，资产增加不会引起负债减少。

17. B 【解析】盈余公积转增资本会引起实收资本的增加和盈余公积的减少，由于盈余公积和实收资本同属于所有者权益项目。

18. B 【解析】因为计算分配应交所得税时，一方面表示所得税费用发生，即费用增加，另一方面负债形成，即应交税金增加，故应为B。

19. B 【解析】投资者投入设备一方面意味着固定资产增加，另一方面意味着实收资本（所有者权益）增加。

20. C 【解析】投资者投入资本一方面意味着货币资金（资产）增加，另一方面引起实收资本（所有者权益）增加。

二、多项选择题（每题的备选项中，有两个或两个以上符合题意的正确答案。多选、错选、少选不得分）

1. CD 【解析】会计等式是反映会计要素之间数量上恒等关系的一系列等式，C是反映财务状况的会计等式，D是反映经营成果的会计等式，A和B是试算平衡中用到的等式（后面将学到），不属于会计等式。

2. AB 【解析】反映资金运动静态表现的会计要素指的是反映财务状况的会计要素，包括资产、负债、所有者权益；反映经营成果的会计要素反映的是资金运动的动态过程，包括收入、费用和利润。

3. ABCD 【解析】所有者权益的来源包括所有者投入的资

本、直接计入所有者权益的利得和损失、留存收益等。所有者权益通常由实收资本、资本公积、盈余公积和未分配利润构成。

4. BC 【解析】收入的实现（增加量）导致所有者权益增加，而提取盈余公积属于所有者权益的内部变化，故导致所有者权益减少的是费用的发生和向投资者分配利润。

5. BCD 【解析】原材料属于流动资产，其余三项均属于非流动资产。

6. ACD 【解析】以银行存款购买办公用品，一方面引起资产减少，另一方面引起费用增加，不符合题意，其余三项都是一方面引起资产减少，另一方面引起负债减少。

7. ABC 【解析】B选项"不应计入当期损益的利得或损失"应该直接计入所有者权益中；收入是损益类要素，不是所有者权益类的直接来源。

8. BCD 【解析】会计计量属性包括历史成本、重置成本、可变现净值、现值和公允价值。

9. ABD 【解析】会计等式揭示了会计要素的内在联系，它为设置会计账户、复式记账和编制会计报表奠定了理论基础，财产清查与会计等式没有直接联系。

10. BD 【解析】"资产＝负债＋所有者权益"这一会计等式反映会计主体在某一特定日期所拥有各种资产与负债、所有者权益之间的财务状况的静态关系。"收入－费用＝利润"这一会计等式动态地反映经营成果与相应期间的收入和费用之间的关系，是企业编制利润表的基础。任何经济业务的发生都不会破坏会计基本等式的平衡关系。

11. ABC 【解析】D选项业务以银行存款购入机器一台，价值70 000元，它只是引起了资产内部的一增一减，总额不会变化。

12. ABC 【解析】本题的考点为可变现净值的定义。可变现净值是指在正常生产经营过程中，以预计售价减去进一步加工成本和预计销售费用以及相关税费后的净值。

13. ACD　【解析】经营租入的设备只有使用权，不属于企业资产。

14. BC　【解析】管理费用属于损益类科目，选项中的 A 属于成本类，D 属于资产类，B、C 都属于损益类。所以答案为 BC。

15. BCD　【解析】期间费用有销售费用、管理费用和财务费用。

三、判断题（正确的请在题后括号中画"√"，错误的请在题后括号中画"×"。不判断、判断错误的均不得分）

1. ×　【解析】资产是企业过去的交易或者事项形成的，而不是现在的交易或事项。

2. √

3. ×　【解析】负债是指过去的交易或者事项形成的现时义务，履行该义务预期会导致经济利益流出企业。

4. ×　【解析】在重置成本计量下，资产按照现在购买相同或者相似资产所需支付的现金或者现金等价物的金额计量。

5. ×　【解析】资产是指企业过去的交易或事项形成的、并由企业拥有或者控制的、预期会给企业带来经济利益的资源。

6. ×　【解析】任何经济业务的发生，都不可能破坏"资产＝负债＋所有者权益"的平衡关系。

7. √

8. ×　【解析】企业发生的经济业务有两类：一类是不会破坏平衡关系，也不会引起等式两边总额的变化；另一类是不会破坏平衡关系，但会引起等式两边总额的同增或同减变化。

9. ×　【解析】两个等式都成立，前者是表明会计主体在某一特定时点所拥有的资产与权益的静态关系,后者是前者的扩展形式,等式也成立。

10. √

四、计算分析题

1.（1）ABD 【解析】根据本题资料,可知各个事项的会计分录如下:

①借:其他应收款　　1 000
　　贷:库存现金　　　1 000
②借:固定资产　　　50 000
　　贷:实收资本　　　50 000
③借:应付账款　　　30 000
　　贷:应付票据　　　30 000
④借:利润分配　　　60 000
　　贷:应付股利　　　60 000
⑤借:应付账款　　　5 000
　　贷:银行存款　　　5 000

第①项引起资产内部的一增一减;第②项引起资产增加,所有者权益也增加;第③项引起负债内部的一增一减;第④项引起所有者权益减少,负债增加;第⑤项引起负债减少,资产减少。所以,本题中,资产变动 = 50 000 - 5 000 = 45 000（元）,即资产增加45 000元;负债变动 = 60 000 - 5 000 = 55 000（元）,即负债增加55 000元;所有者权益变动 = 50 000 - 60 000 = -10 000（元）,即所有者权益减少10 000元。故本题选 ABD。

（2）BD

（3）A

（4）B 【解析】资产增加45 000元,月末的资产总额 =

900 000 + 45 000 = 945 000（元）。

（5）C 【解析】年初所有者权益 = 资产 - 负债 = 900 000 - 500 000 = 400 000（元），所有者权益减少 10 000 元，月末的所有者权益 = 400 000 - 10 000 = 390 000（元）。

2.（1）AB 【解析】经济业务（1）的发生对会计等式的影响是资产增加 550 000 元，权益增加 550 000 元。故选 AB。

（2）AC 【解析】经济业务（2）的发生对会计等式的影响是资产增加 20 000 元，资产减少 20 000 元。故选 AC。

（3）CD 【解析】经济业务（3）的发生对会计等式的影响是资产减少 50 000 元，权益减少 50 000 元。故选 CD。

（4）BD 【解析】经济业务（4）的发生对会计等式的影响是权益增加 80 000 元，权益减少 80 000 元。故选 BD。

（5）C 【解析】8 000 000 + 550 000 - 50 000 = 8 500 000（元）。故选 C。

第三章 会计科目与账户

【考情分析】

本章属于学习和掌握会计语言的专门章节,对熟练使用账务核算业务意义重大。在考试中所占分值较高,考点分布广,会涉及所有题型。本章的重点为:会计科目与账户的分类、常用的会计科目、账户的结构等。

【知识结构图示】

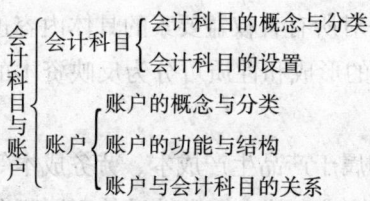

【本章知识要点】

第一节 会计科目

一、会计科目的概念与分类

(一)会计科目的概念

会计科目,简称科目,是对会计要素的具体内容进行分类核算的项目。

(二)会计科目的分类

会计科目可按其反映的经济内容(即所属会计要素)、所提供信息的详细程度及其统驭关系分类。

1. 按反映的经济内容分类

会计科目按其反映的经济内容不同,可分为资产类科目、负债类科目、共同类科目、所有者权益类科目、成本类科目和损益类科目。

(1) 资产类科目，是对资产要素的具体内容进行分类核算的项目，按资产的流动性分为反映流动资产的科目和反映非流动资产的科目。

(2) 负债类科目，是对负债要素的具体内容进行分类核算的项目，按负债的偿还期限分为反映流动负债的科目和反映非流动负债的科目。

(3) 共同类科目，是既有资产性质又有负债性质的科目，主要有"清算资金往来""外汇买卖""衍生工具""套期工具""被套期项目"等科目。

(4) 所有者权益类科目，是对所有者权益要素的具体内容进行分类核算的项目，按所有者权益的形成和性质可分为反映资本的科目和反映留存收益的科目。

(5) 成本类科目，是对可归属于产品生产成本、劳务成本等的具体内容进行分类核算的项目，按成本的内容和性质的不同可分为反映制造成本的科目、反映劳务成本的科目等。

(6) 损益类科目，是对收入、费用等的具体内容进行分类核算的项目。

【经典例题·单选】"其他业务成本"科目按其所归属的会计要素不同，属于（　　）类科目。

A. 成本　　　　　　　　B. 资产
C. 损益　　　　　　　　D. 所有者权益

【答案】C

【解析】"其他业务成本"属于损益类科目。

2．按提供信息的详细程度及其统驭关系分类

会计科目按其提供信息的详细程度及其统驭关系，可以分为总分类科目和明细分类科目。

(1) 总分类科目又称总账科目或一级科目，是对会计要素的具

体内容进行总括分类、提供总括信息的会计科目,如"应收账款""应付账款""原材料"等。

(2) 明细分类科目又称明细科目,是对总分类科目作进一步分类,提供更为详细和具体会计信息的科目,如"应收账款"科目按债务人名称或姓名设置明细科目,反映应收账款的具体对象。

(3) 总分类科目和明细分类科目的关系。总分类科目概括地反映会计对象的具体内容,明细分类科目详细反映会计对象的具体内容。

总分类科目对明细分类科目具有控制作用,而明细分类科目是对总分类科目的补充和说明。

【经典例题·单选】总分类会计科目一般按(   )进行设置。

A. 企业管理的需要　　　　　B. 统一会计制度的规范
C. 会计核算的需要　　　　　D. 经济业务的种类不同

【答案】B

【解析】总分类科目也叫总账科目或一级科目,一般是按照财政部门制定的统一会计制度规定设置。

二、会计科目的设置

(一) 会计科目设置的原则

1. 合法性原则

要求所设置的会计科目应当符合国家统一的会计制度的规定。主要是为了保证会计信息的可比性。

2. 相关性原则

要求设置会计科目时,充分考虑会计信息的使用者对本企业会计信息的需要。主要是为了提高会计核算所提供的会计信息相关性,满足相关各方的信息需求。

3. 实用性原则

要求在合法性的基础上，根据企业自身的特点，设置符合企业需要的会计科目。

（二）常用会计科目

资产类、负债类、所有者权益类、成本类、损益类。

第二节 账 户

一、账户的概念与分类

（一）账户的概念

账户是根据会计科目设置的，具有一定格式和结构，用于分类反映会计要素增减变动情况及其结果的载体。

（二）账户的分类

账户可根据其核算的经济内容、提供信息的详细程度及其统驭关系进行分类。

（1）根据核算的经济内容，账户分为资产类账户、负债类账户、共同类账户、所有者权益类账户、成本类账户和损益类账户六类。其中，有些资产类账户、负债类账户和所有者权益类账户存在备抵账户。备抵账户，又称抵减账户，是指用来抵减被调整账户余额，以确定被调整账户实有数额而设置的独立账户。

（2）根据提供信息的详细程度及其统驭关系，账户分为总分类账户和明细分类账户。

总分类账户和所属明细分类账户核算的内容相同，只是反映内容的详细程度有所不同，两者相互补充，相互制约，相互核对。总分类账户统驭和控制所属明细分类账户，明细分类账户从属于总分类账户。

【经典例题·单选】"累计折旧"账户属于（　　）。

A. 调整账户　　　　　　　　B. 结算账户

C. 暂记账户　　　　　　　　D. 盘存账户

【答案】A

【解析】"累积折旧"账户是"固定资产"账户的调整账户，从性质上讲，也是资产类账户。

【经典例题·单选】各账户之间最本质的差别在于（　　）。

A. 反映的经济内容不同　　　B. 结构不同

C. 记账符号不同　　　　　　D. 经济用途不同

【答案】A

【解析】各账户之间最本质的差别在于反映的经济内容不同。

二、账户的功能与结构

（一）账户的功能

账户的功能在于连续、系统、完整地提供企业经济活动中各会计要素增减变动及其结果的具体信息。其中，会计要素在特定会计期间增加和减少的金额，分别称为账户的"本期增加发生额"和"本期减少发生额"，二者统称为账户的"本期发生额"；会计要素在会计期末的增减变动结果，称为账户的"余额"，具体表现为期初余额和期末余额，账户上期的期末余额转入本期，即为本期的期初余额；账户本期的期末余额转入下期，即为下期的期初余额。账户的期初余额、期末余额、本期增加发生额和本期减少发生额统称为账户的四个金额要素。对于同一账户而言，它们之间的基本关系为：

期末余额＝期初余额＋本期增加发生额－本期减少发生额

（二）账户的结构

账户的结构是指账户的组成部分及其相互关系。账户通常由以下内容组成：（1）账户名称，即会计科目；（2）日期，即所依据记账凭证中注明的日期；（3）凭证字号，即所依据记账凭证的编号；（4）摘要，即经济业务的简要说明；（5）金额，即增加额、减少额和余额。从账户名称、记录增加额和减少额的左右两方来看,账户结构在整体上类似于汉字"丁"和大写的英文字母"T",因此,账户的基本结构在实务中被形象地称为"丁"字账户或者"T"型账户。

三、账户与会计科目的关系

从理论上讲,会计科目与账户是两个不同的概念,二者既有联系,又有区别。会计科目与账户都是对会计对象具体内容的分类,两者核算内容一致,性质相同。会计科目是账户的名称,也是设置账户的依据;账户是会计科目的具体运用,具有一定的结构和格式,并通过其结构反映某项经济内容的增减变动及其余额。

【经典例题·单选】下列有关账户的表述中,不正确的是( )。

A. 会计科目和账户所反映的会计对象的具体内容是完全相同的

B. 会计科目是账户设置的依据

C. 按照会计科目提供核算资料的详细程度,账户可以分为总分类账户和明细分类账户

D. 账户是根据会计科目设置的,它没有格式和结构

【答案】D

【解析】会计科目和会计账户的本质区别在于会计账户有结构,而会计科目无结构。

【题库·同步强化练习】

一、单项选择题(每题的备选项中,只有一个符合题意的正确答案。多选、错选、不选均不得分)

1. 下列不属于总账科目的是( )。

    A. 固定资产   B. 应交税费

C. 应交增值税 　　　　　　D. 预付账款

2. 资产计量最重要的基础是（　　）。

A. 现行成本 　　　　　　B. 历史成本

C. 现行市价 　　　　　　D. 可变现净值

3. 以下的会计计量属性中，不能用于对负债进行计量的是（　　）。

A. 重置成本 　　　　　　B. 可变现净值

C. 现值 　　　　　　　　D. 公允价值

4. （　　）通常用于存货资产减值情况下的后续计量。

A. 可变现净值 　　　　　B. 重置成本

C. 现值 　　　　　　　　D. 市场价值

5. 属于企业经营活动而形成的所有者权益是（　　）。

A. 实收资本 　　　　　　B. 留存收益

C. 资本公积 　　　　　　D. 股本

6. 会计科目是指对（　　）的具体内容进行分类核算的项目。

A. 经济业务 　　　　　　B. 会计要素

C. 会计账户 　　　　　　D. 会计信息

7. 会计科目按提供指标的详细程度不同分为（　　）。

A. 一级科目和二级科目　　B. 二级科目与三级科目

C. 总分类科目和明细分类科目　D. 总账科目和二级科目

8. 下列属于总分类会计科目的是（　　）。

A. 累计折旧 　　　　　　B. 应交增值税

C. 未分配利润 　　　　　D. 外埠存款

9. 所设置的会计科目应符合单位自身特点，满足单位实际需要，这一点符合（　　）原则。

A. 实用性　　B. 合法性　　C. 谨慎性　　D. 相关性

10. 下列对会计科目与会计账户区别的说法中，错误的是

( )。

A. 会计科目是在经济活动发生之前,对会计核算具体内容做出的分类规范,账户是经济活动之后进行的分类记录

B. 会计科目主要是按经济内容分类,账户在按经济内容分类的基础上还可按用途和结构分类

C. 在一个会计年度内,企业可根据经济业务需要,改变会计科目,但会计账户不得随意改变

D. 会计科目是由国家有关部门统一规定的,账户则是单位根据会计科目规定和管理的需要开设的

11. 在下列项目中,属于一级会计科目的是( )。

A. 应交增值税   B. 应付账款
C. 房屋   D. 专利权

12. 应收账款账户期末余额为贷方时,其性质属于( )账户。

A. 资产类   B. 负债类   C. 收入类   D. 共同类

13. 会计科目的设置,应为提供有关各方所需的会计信息服务,满足对外报告和对内管理的要求,体现了会计科目设置的( )原则。

A. 合法性   B. 相关性   C. 灵活性   D. 实用性

14. 会计科目与账户的本质区别是( )。

A. 反映的经济内容不同
B. 记录资产和权益的内容不同
C. 记录资产和权益的方法不同
D. 会计账户有结构,而会计科目没有结构

15. 总分类科目一般由( )统一制定。

A. 财政部   B. 财政局
C. 企业   D. 省级财政

16. 下列不属于会计科目设置原则的是（　　）。

　　A. 相关性　　　B. 实用性　　　C. 科学性　　　D. 合法性

17. 下列不属于企业资产类科目的是（　　）。

　　A. 预付账款　　　　　　　B. 坏账准备

　　C. 累计折旧　　　　　　　D. 预收账款

18. 在下列项目中，属于账户的金额要素的是（　　）。

　　A. 本期借方发生额　　　　B. 本期贷方发生额

　　C. 本期减少发生额　　　　D. 借方余额

19. 账户结构一般分为（　　）。

　　A. 左右两方　　　　　　　B. 上下两部分

　　C. 发生额、余额两部分　　D. 前后两部分

20. 账户余额一般与（　　）在同一方向。

　　A. 增加额　　　　　　　　B. 减少额

　　C. 借方发生额　　　　　　D. 贷方发生额

二、多项选择题（每题的备选项中，有两个或两个以上符合题意的正确答案。多选、错选、少选不得分）

1. 会计科目按提供信息的详细程度及其统驭关系分为（　　）。

　　A. 总分类科目　　　　　　B. 明细类科目

　　C. 资产和权益类科目　　　D. 成本和权益类科目

2. 关于总分类会计科目与明细分类会计科目表述正确的是（　　）。

　　A. 明细分类会计科目概括地反映会计对象的具体内容

　　B. 总分类会计科目详细地反映会计对象的具体内容

　　C. 总分类会计科目对明细分类科目具有控制作用

　　D. 明细分类会计科目是对总分类会计科目的补充和说明

3. 我国新颁布的《企业会计准则——应用指南》中规定的共

同类会计科目有（　　）。

A. 衍生工具　　　　　　　B. 套期工具

C. 被套期项目　　　　　　D. 交易性金融资产

4. 下面关于损益类科目的说法正确的有（　　）。

A. 收入类账户的增加额计入借方

B. 费用类账户的增加额计入借方

C. 一般情况下期末无余额

D. 年末要结转到本年利润账户

5. 下列各项中，通过资产减值损失科目核算的有（　　）。

A. 坏账准备　　　　　　　B. 存货跌价准备

C. 无形资产减值准备　　　D. 固定资产减值准备

6. 下列项目中，属于成本类科目是（　　）。

A. 生产成本　　　　　　　B. 制造费用

C. 主营业务成本　　　　　D. 长期待摊费用

7. 下列属于损益类科目的是（　　）。

A. 制造费用　　　　　　　B. 生产成本

C. 主营业务成本　　　　　D. 管理费用

8. 下列项目中，与管理费用属于同一类科目的是（　　）。

A. 制造费用　　　　　　　B. 销售费用

C. 财务费用　　　　　　　D. 其他应收款

9. 以下属于按照会计科目归属的会计要素不同进行的分类有（　　）。

A. 明细分类科目　　　　　B. 总分类科目

C. 损益类　　　　　　　　D. 成本类

10. 以下有关明细分类科目的表述中，正确的有（　　）。

A. 明细分类科目也称一级会计科目

B. 明细分类科目是对总分类科目作进一步分类的科目

C. 明细分类科目是对会计要素具体内容进行总括分类的科目

D. 明细分类科目是能提供更加详细更加具体会计信息的科目

11. 下列关于账户的表述中，正确的有（　　）。

A. 账户具有一定的格式和结构

B. 账户是根据会计科目设置的

C. 账户是用于分类反映会计要素增减变动情况及其结果的载体

D. 账户可根据其核算的经济内容、提供信息的详细程度及其统驭关系进行分类

12. 下列关于同一账户的四个金额要素之间基本关系的表述中，正确的有（　　）。

A. 本期期末余额＝本期期初余额＋本期增加发生额－本期减少发生额

B. 本期期末余额－本期期初余额＝本期增加发生额－本期减少发生额

C. 本期期末余额－本期期初余额－本期增加发生额＝本期减少发生额

D. 本期期末余额＋本期减少发生额＝本期期初余额＋本期增加发生额

13. 下列各项中，属于账户组成部分的有（　　）。

A. 账户名称　　　　　　　B. 凭证字号

C. 日期及摘要　　　　　　D. 增加额、减少额和余额

14. 下列关于会计科目和会计账户关系的表述中，正确的有（　　）。

A. 没有账户，会计科目就无法发挥作用

B. 会计科目是账户的名称，也是设置账户的依据

C. 会计科目不存在结构，账户则具有一定的格式和结构

D. 二者都是对会计对象具体内容项目的分类，二者核算内容一致，性质相同

15. 常用会计科目有（　　）。
    A. 资产类　　　　　　　　B. 负债类
    C. 所有者权益类　　　　　D. 成本类

16. 下列各项目中，正确的经济业务类型有（　　）。
    A. 负债不变的情况下，一项资产增加，一项所有者权益减少
    B. 所有者权益不变的情况下，资产与负债同时增加
    C. 资产不变的情况下，一项负债减少，一项所有者权益增加
    D. 资产不变的情况下，负债与所有者权益同时增加

17. 下列各项经济业务中，能引起会计等式左右两边会计要素变动的有（　　）。
    A. 收到某单位前欠货款20 000元存入银行
    B. 以银行存款偿还银行借款
    C. 收到某单位投入机器设备一台，价值80万元
    D. 以银行存款购买材料8 000元

18. 下列项目中，属于费用要素特点的有（　　）。
    A. 企业在日常活动中发生的经济利益的总流出
    B. 会导致所有者权益的减少
    C. 与向所有者分配利润无关
    D. 会导致所有者权益增加

19. 按准则规定，收入的特征表现为（　　）。
    A. 收入从日常活动中产生，而不是从偶发的交易或事项中产生
    B. 收入可能表现为资产的增加
    C. 收入可能表现所有者权益的增加
    D. 收入包括代收的增值税

20. 下列各项中，影响企业营业利润的项目有（　　）。
   A. 销售费用　　　　　　　　B. 管理费用
   C. 投资收益　　　　　　　　D. 所得税费用

21. 下列属于流动负债的是（　　）。
   A. 应付票据　　　　　　　　B. 应付账款
   C. 一年内到期的长期借款　　D. 应交税费

22. 计入产品成本的费用包括（　　）。
   A. 财务费用　　　　　　　　B. 制造费用
   C. 管理费用　　　　　　　　D. 直接人工费用

23. 下列项目中不属于会计科目的有（　　）。
   A. 流动资产　　　　　　　　B. 固定资产
   C. 短期投资　　　　　　　　D. 长期负债

24. 下列关于"预付账款"账户的表述中，正确的有（　　）。
   A. 预付及补付的款项登记在账户的借方
   B. 该账户的借方余额表示预付给供货单位的款项
   C. 该账户的贷方余额，表示应当补付的款项
   D. 预付款项不多的企业，也可将预付款项并入"应付账款"账户核算

25. 会计科目按其所反映的经济内容不同，分为资产类、负债类、共同类、（　　）六大类。
   A. 所有者权益类　　　　　　B. 损益类
   C. 成本类　　　　　　　　　D. 费用类

三、判断题（正确的请在题后括号中画"√"，错误的请在题后括号中画"×"。不判断、判断错误的均不得分）

1. 账户是根据会计科目设置的，具有一定的格式和结构。（　　）
2. 会计科目是账户的名称，是账户的载体和具体运用。（　　）

3. 目前企业的总分类账户一般是根据国家有关会计制度规定的会计科目设置的。（ ）

4. 账户中上期的期末余额转入本期即为本期的期初余额。（ ）

5. 会计科目与账户都是对会计对象具体内容的科学分类，两者口径一致，性质相同，具有相同的格式和结构。（ ）

6. 总分类科目与其所属的明细分类科目的核算内容相同，所不同的是前者提供的信息比后者更加详细。（ ）

7. 二级科目（子目）不属于明细分类科目。（ ）

8. 账户的本期发生额是动态资料，而期末余额与期初余额是静态资料。（ ）

9. 成本类科目包括制造费用、生产成本及主营业务成本等科目。（ ）

10. 为了满足管理的需要，企业的会计账户设置得越细越好。（ ）

11. 会计科目都是根据会计账户设置的。（ ）

12. 在不违反国家统一会计制度的前提下，会计科目明细表可以根据企业内部管理的需要自行制定。（ ）

13. 会计账户的各项金额的关系可用"本期期末余额＝本期期初余额＋本期增加发生额－本期减少发生额"表示。（ ）

14. 根据核算的经济内容不同，账户分为资产类账户、负债类账户、共同类账户、所有者权益类账户、成本类账户和损益类账户六类。（ ）

15. 账户的功能在于连续、系统、完整地提供企业经济活动中各会计要素增减变动及其结果的具体信息。（ ）

四、计算分析题

1. A 公司 2014 年 3 月 1 日"应付账款"账户账面余额为

200 000元,其所属明细账的账面余额资料为:"应付甲公司账款"贷方余额120 000元,"应付乙公司账款"贷方余额80 000元。3月8日,以银行存款偿付甲公司账款70 000元;3月12日,从甲公司购入材料,价税款合计58 500元,尚未支付;3月20日,从丙公司购入材料,价税款合计117 000元,尚未支付。

(1) A公司"应付账款"总账账户2014年3月份的发生额是（　　）。

A. 贷方发生额175 500元　　　B. 借方发生额70 000元
C. 贷方发生额105 500元　　　D. 借方发生额175 500元

(2) A公司"应付账款"总账账户2014年3月末余额为（　　）。

A. 贷方余额130 000元　　　B. 贷方余额305 500元
C. 贷方余额188 500元　　　D. 借方余额70 000元

(3) A公司"应付账款"总账账户2014年3月末有（　　）明细账户。

A. 1个　　　B. 2个　　　C. 3个　　　D. 以上都对

(4) 登记"应付账款"总账账户及所属明细账户的要点是（　　）。

A. 方向相同　　　B. 原始依据相同
C. 期间相同　　　D. 金额相等

(5) "应付账款"总账账户与其所属明细账户的核对关系有（　　）。

A. "应付账款"总账账户月初余额等于其所属明细账户月初余额之和

B. "应付账款"总账账户本月贷方发生额等于其所属明细账户本月贷方发生额之和

C. "应付账款"总账账户本月借方发生额等于其所属明细账户本月借方发生额之和

D. "应付账款"总账账户月末余额等于其所属明细账户月末余额之和

2. 资料一：假定 A、B、C 三家公司共同投资组成 ABC 有限责任公司。按 ABC 有限责任公司的章程规定，注册资本为 900 万元，A、B、C 三方各占三分之一的股份。假定 A 公司以厂房投资，该厂房原值 500 万元，已提折旧 300 万元，投资各方确认的价值为 300 万元（通公允价值）；B 公司以价值 200 万元的新设备一套和价值 100 万元的一项专利权投资，其价值已被投资各方确认，并已向 ABC 公司移交了专利证书等有关凭证；C 公司以货币资金 300 万元投资，已存入 ABC 公司的开户银行。

资料二：假定 D 公司有意投资 ABC 公司，经与 A、B、C 三方协商，将 ABC 公司变更为 ABCD 公司，注册资本增加到 1 200 万元，A、B、C、D 公司四方各占四分之一股权。D 公司需以货币资金出资 400 万元，已取得 25% 的股份。协议签订后，修改了原公司章程，D 公司所出 400 万元已存入 ABCD 公司的开户银行，并办理了变更登记手续。

要求：

（1）根据资料一，编制 ABC 公司实际收到 A 公司投资的有关会计分录。

（2）根据资料一，编制 ABC 公司实际收到 B 公司投资的有关会计分录。

（3）根据资料一，编制 ABC 公司实际收到 C 公司投资的有关会计分录。

（4）根据资料二，编制实际收到 D 公司投资的有关会计分录。

（5）假设无其他经济业务，根据资料一、二，计算 ABCD 公司实收资本的金额。（单位：元）

【参考答案及解析】

一、单项选择题（每题的备选项中，只有一个符合题意的正确答案。多选、错选、不选均不得分）

1. C 【解析】"应交增值税"是"应交税费"的二级明细科目。

2. B 【解析】资产计量最重要的基础是历史成本，也称实际成本。

3. B 【解析】在可变现净值计量下，是对资产进行计量，不适用于对负债进行计量。

4. A 【解析】可变现净值通常应用于存货资产减值情况下的后续计量。

5. B 【解析】企业经营活动而形成的所有者权益是留存收益。企业接受投资形成的所有者权益是实收资本和资本公积。

6. B 【解析】会计科目是对会计要素的具体内容进行分类核算的项目。

7. C 【解析】会计科目按提供指标的详细程度不同分为总分类科目和明细分类科目，总分类科目也称一级科目，明细分类科目又分为二级科目和三级科目等。

8. A 【解析】应交增值税、未分配利润和外埠存款分别是应交税费、利润分配和其他货币资金科目的明细科目。

9. A 【解析】企业应该在合法性原则的基础上，根据企业自身的特点，设置符合企业实际情况的会计科目，这是会计科目设置的相关性原则中实用性的要求。

10. C 【解析】会计账户与会计科目的区别主要表现在：（1）从时间上看，会计科目是在经济活动发生之前，事先对如何反映会计对象具体内容作出的分类规范，而账户则是在经济活动发生以后对其作出的分类记录。故 A 选项说法正确。（2）从分类上看，会计科目主要按经济内容分类，而账户在按经济内容分类的基础上还可以按用途和结构分类。故 B 选项说法正确。（3）从设置上看，会计科目是由国家有关部门统一规定的，具有统一性；账户则是企业、事业、行政等单位根据会计科目的规定和管理的需要在账簿中开设的，具有相对的灵活性。故 C 选项说法错误，D 选项说法正确。

11. B 【解析】"应付账款"是总分类科目，即为一级会计科目。

12. B 【解析】在借贷记账法下，各类账户的期初或期末余额的方向决定了该账户的性质，如果余额在借方，其性质就属于资产类账户；反之，如果余额在贷方，其性质就属于权益类账户。

13. B 【解析】本题的考点为会计科目的设置。相关性原则要求会计科目的设置，应为提供有关各方所需的会计信息服务，满足对外报告和对内管理的要求。

14. D 【解析】会计科目仅仅是账户的名称，不存在结构；而账户则具有一定的格式和结构。能够用来连续、系统、全面地记录反映某种经济业务的增减变化及其结果。

15. A 【解析】按国家现行会计制度的规定，总分类科目一般由财政部统一制定。

16. C 【解析】设置会计科目时应遵循合法性、相关性和实用性三个原则。

17. D 【解析】预收账款属于负债类科目。

18. C 【解析】"本期期末余额、本期期初余额、本期增加发生额、本期减少发生额"统称为会计账户的四个金额要素。

19. A 【解析】账户一般分为左右两方，按相反方向来记录增加额和减少额。

20. A 【解析】账户余额一般与增加额在同一方向。

二、多项选择题（每题的备选项中，有两个或两个以上符合题意的正确答案。多选、错选、少选不得分）

1. AB 【解析】会计科目按提供信息的详细程度及其统驭关系，可以分为总分类科目和明细分类科目。

2. CD 【解析】总分类科目是概括地反映会计对象的具体内容，明细分类科目是详细反映会计对象的具体内容。总分类科目对明细分类科目具有统驭和控制作用，而明细分类科目是对总分类科目的补充和说明。

3. ABC 【解析】交易性金融资产属于资产类科目。

4. BCD 【解析】收入类账户增加计入贷方，减少计入借方；费用类科目增加计入借方，减少计入贷方；损益类科目期末一般转入本年利润科目，结转后没有余额。

5. ABCD 【解析】企业的应收账款、存货、长期股权投资、持有至到期投资、固定资产、无形资产、贷款等资产发生减值的，应在资产减值损失账户进行核算。

6. AB 【解析】C 选项属于损益类科目，D 选项属于资产类科目。

7. CD 【解析】AB 两项属于成本类科目。

8. BC 【解析】A 属于成本类，D 属于资产类，BC 都属于损益类。

9. CD 【解析】该题针对"会计科目的分类"知识点进行考核。AB 项属于按提供信息的详细程度及其统驭关系分类。

10. BD 【解析】总分类科目是一级会计科目；总分类科目是对会计要素具体内容进行总括分类的科目。所以选项 AC 不正确。

11. ABCD 【解析】ABC选项所述是账户的概念,D选项表述的是账户的分类,根据核算的经济内容,账户分为资产类账户、负债类账户、共同类账户、所有者权益类账户、成本类账户和损益类账户六类;提供信息的详细程度及其统驭关系账户分为总分类账户和明细分类账户。

12. ABD 【解析】账户的期初余额、期末余额、本期增加发生额和本期减少发生额之间的基本关系为:期末余额=期初余额+本期增加发生额-本期减少发生额,由等式变形可知C项是错误的。

13. ABCD 【解析】账户通常由以下内容组成:账户名称、日期、凭证字号、摘要、金额组成。

14. ABCD 【解析】本题考查"账户与会计科目的关系"相关内容。

15. ABCD 【解析】常用会计科目包括资产类、负债类、所有者权益类、成本类、损益类。

16. BC 【解析】在各选项的前提设定下,资产与负债同时增加。一项负债减少,一项所有者权益增加是正确的经济业务类型。

17. BC 【解析】A、D只能引起等式一边内部的变化。

18. ABC 【解析】费用具有如下特征:(1)费用是从企业日常经济活动中发生的;(2)费用会导致经济利益流出企业,变现为企业资产的减少或负债的增加,或者两者兼而有之;(3)费用会导致企业所有者权益的减少;(4)与向所有者分配利润无关。

19. ABC 【解析】收入有以下特征:(1)收入是从企业的日常经济活动中产生的,而不是从偶发的交易或事项中产生的;(2)收入能引起所有者权益增加;(3)收入的取得会导致经济利益流入企业,表现为资产的增加或负债的减少,或者两者兼而有之;(4)收入指包括本企业经济利益的流入,不包括为第三方或客户代收的款项；(5) 收入与所有者投入资本无关。

20. ABC 【解析】不影响营业利润的有营业外收入、营业外支出和所得税费用。

21. ABCD 【解析】一年内到期的长期借款在资产负债表上列为流动负债。

22. BD 【解析】财务费用和管理费用计入当期损益，和产品的成本无关。

23. AD 【解析】流动资产和长期负债不属于会计科目。

24. ABCD 【解析】为了反映和监督预付账款的支出和结算情况，企业应设置"预付账款"科目，该科目借方登记向供货单位预付的货款，贷方登记企业收到所购物品应结转的预付账款，期末余额在借方，反映企业向供货单位预付的货款。若余额在贷方表示企业应当补付的款项。预付账款不多的企业，可以将预付货款直接计入"应付账款"科目的借方，不另设"预付账款"科目，但在编制会计报表时，仍然要将"预付账款"和"应付账款"的金额分开列示。故选 ABCD。

25. ABC 【解析】会计科目按其所反映的经济内容不同，分为资产类、负债类、共同类、所有者权益类、成本类、损益类六大类。

三、判断题（正确的请在题后括号中画"√"，错误的请在题后括号中画"×"。不判断、判断错误的均不得分）

1. √
2. × 【解析】账户是会计科目的载体和具体运用。
3. √
4. √
5. × 【解析】会计科目是没有结构的。

6. ×　【解析】明细分类科目是对总分类科目做进一步分类、提供更详细更具体会计信息的科目。

7. ×　【解析】二级科目属于明细分类科目。

8. √

9. ×　【解析】主营业务成本属于损益类科目。

10. ×　【解析】会计科目的设置应该考虑成本效益原则,如果企业的会计账户的设置过细,则会带来较高的管理成本,因此不是设置得越细越好。

11. ×　【解析】会计账户是根据会计科目设置的。

12. √

13. √

14. √

15. √

四、计算分析题

1. 根据本题资料,3月份发生事项的会计分录如下:

3月8日,借:应付账款——甲公司　　70 000
　　　　　贷:银行存款　　70 000

3月12日,借:原材料　　50 000
　　　　　　应交税费——应交增值税(进项税额)　　8 500
　　　　　贷:应付账款——甲公司　　58 500

3月20日,借:原材料　　100 000
　　　　　　应交税费——应交增值税(进项税额)　　17 000
　　　　　贷:应付账款——丙公司　　117 000

(1) AB　【解析】由上述会计分录得知,"应付账款"总账账户2014年3月份的借方发生额是70 000元,贷方发生额是175 500元。

(2) B 【解析】"应付账款"总账账户 2014 年 3 月末余额为贷方 200 000 – 借方 70 000 + 贷方 175 500 = 贷方 305 500 元。

(3) C 【解析】"应付账款"总账账户 3 月末有甲公司、乙公司、丙公司 3 个明细账户。

(4) ABCD 【解析】登记总账及其所属明细账户的要点有：方向相同、原始依据相同、期间相同、金额相等。

(5) ABCD 【解析】"应付账款"总账账户月初余额、本月贷方发生额、本月借方发生额、月末余额等于相应其所属明细账账户月初余额、本月贷方发生额、本月借方发生额月末余额之和。

2. (1) 借：固定资产　　3 000 000
　　　　贷：实收资本　　　3 000 000
(2) 借：固定资产　　2 000 000
　　　　无形资产　　1 000 000
　　　　贷：实收资本　　　3 000 000
(3) 借：银行存款　　3 000 000
　　　　贷：实收资本　　　3 000 000
(4) 借：银行存款　　4 000 000
　　　　贷：实收资本　　　3 000 000
　　　　　　资本公积　　　1 000 000
(5) 金额：12 000 000
3 000 000 + 3 000 000 + 3 000 000 + 3 000 000 = 12 000 000（元）

第四章 会计记账方法

【考情分析】

本章考点非常集中，会涉及所有考试题型，计算分析题与第五章结合，通过分录形式考核。本章的重点为：借贷记账法的原理和账户结构、会计分录、试算平衡。

【知识结构图示】

```
           ┌ 会计记账方法的种类 ┬ 单式记账法
           │                   └ 复式记账法
会计记账方法 ┤
           │              ┌ 借贷记账法的种类
           │              │ 借贷记账法下账户的结构
           └ 借贷记账法   ┤ 借贷记账法下的记账规则
                          │ 借贷记账法下的账户对应关系与会计分录
                          └ 借贷记账法下的试算平衡
```

【本章知识要点】

第一节 会计记账方法的种类

一、单式记账法

单式记账法是指对发生的每一项经济业务，只在一个账户中加以登记的记账方法。

【经典例题·单选】单式记账法对经济业务登记是（ ）。

A. 只在一个科目中进行

B. 在两个科目中进行

C. 在两个或两个以上科目中进行登记

D. 只对有关应收、应付款、现金、银行存款的收付业务进行登记

【答案】A

【解析】单式记账法对经济业务登记是只在一个科目中进行登记。

二、复式记账法

(一) 复式记账法的概念

复式记账法是指对于每一笔经济业务,都必须用相等的金额在两个或两个以上相互联系的账户中进行登记,全面系统地反映会计要素增减变化的一种记账方法。现代会计运用复式记账法。

【经典例题·单选】复式记账法要求对每一交易或事项都以( )。

A. 相等的金额同时在一个或一个以上相互联系的账户中进行登记

B. 相等的金额同时在两个或两个以上相互联系的账户中进行登记

C. 不等的金额同时在两个或两个以上相互联系的账户中进行登记

D. 相等的金额在总分类账和两个以上相应的明细账户中进行登记

【答案】B

【解析】复式记账法是以资产与权益平衡关系作为记账基础,它要求对于每一笔经济业务,均在两个或两个以上相互联系的账户中进行登记,系统地反映资金运动变化结果。

(二) 复式记账法的优点

与单式记账法相比,复式记账法的优点主要有:(1)能够全面反映经济业务内容和资金运动的来龙去脉;(2)能够进行试算平衡,便于查账和对账。

(三) 复式记账法的种类

复式记账法可分为借贷记账法、增减记账法和收付记账法等。

借贷记账法是目前国际上通用的记账方法,我国《企业会计准则》规定企业应当采用借贷记账法记账。

第二节 借贷记账法

一、借贷记账法的概念

借贷记账法是以"借"和"贷"作为记账符号,反映会计要素增减变动情况的一种复式记账法。

二、借贷记账法下账户的结构

借贷记账法的账户结构特点:基本结构分为"借方"和"贷方"。

(一)资产类和费用类账户的结构

对于资产类和费用(包括成本)类账户,借方登记资产、费用增加数,贷方登记资产、费用减少数。

(1)资产类账户的余额一般在借方,其余额计算公式为:

期末借方余额=期初借方余额+本期借方发生额-本期贷方发生额。

(2)费用(包括成本)类账户在期末一般没有余额,如有余额,应为借方余额。

(二)负债类、所有者权益类和收入类账户的结构

对于负债类、所有者权益类和收入类账户,借方登记减少数,贷方登记增加数。

(1)负债类和所有者权益类账户的期末余额一般出现在贷方,其余额计算公式为:期末贷方余额=期初贷方余额+本期贷方发生额(增加额)-本期借方发生额(减少额)。

(2)收入是企业在一定期间取得的经营业绩,不应留存到下一会计期间,应当在当期予以结转,以便下一会计期间的收入账户金额能够反映下一会计期间的实际收入情况,期末要将收入类账户的全部余额计入"本年利润"账户的贷方,以便结算本期利润,收入

类账户结转之后没有余额。

（三）损益类账户的结构

损益类账户主要包括收入类账户和费用类账户。

（1）收入类账户的结构

在借贷记账法下，收入类账户的借方登记减少额；贷方登记增加额。本期收入净额在期末转入"本年利润"账户，用以计算当期损益，结转后无余额。

（2）费用类账户的结构

在借贷记账法下，费用类账户的借方登记增加额；贷方登记减少额。本期费用净额在期末转入"本年利润"账户，用以计算当期损益，结转后无余额。

【经典例题·单选】下列账户中，期末无余额的账户有（　　）。

A. 实收资本　　　　　　　　B. 应付账款

C. 固定资产　　　　　　　　D. 管理费用

【答案】D

【解析】管理费用期末无余额。

三、借贷记账法下的记账规则

记账规则是指采用某种记账方法登记具体经济业务时应当遵循的规律。借贷记账法的记账规则是"有借必有贷，借贷必相等"。

四、借贷记账法下的账户对应关系与会计分录

（一）账户的对应关系

账户的对应关系是指采用借贷记账法对每笔交易或事项进行记录时，相关账户之间形成的应借、应贷的相互关系。存在对应关系的账户称为对应账户。

（二）会计分录

1. 会计分录的含义

会计分录又称为记账公式或简称分录，是指按照复式记账的要

求,对每项经济业务列示出应借、应贷的账户名称及其金额的一种记录。一笔会计分录主要包括三个要素:会计科目(账户)、记账符号、金额。

2. 会计分录的编制步骤

①分析经济业务事项涉及的是资产(费用、成本),还是权益(收入);②确定涉及哪些账户,是增加,还是减少;③确定计入哪个(或哪些)账户的借方,哪个(或哪些)账户的贷方;④确定应借应贷账户是否正确,借贷方金额是否相等。

3. 会计分录的分类

按照每项经济业务所涉及账户的多少,会计分录分为简单会计分录和复合会计分录。简单会计分录指只涉及一个账户借方和另一个账户贷方的会计分录,即"一借一贷"的会计分录。

复合会计分录指由两个以上(不含两个)对应账户所组成的会计分录,即"一借多贷""一贷多借"或"多借多贷"的分录。

【经典例题·单选】对某项交易或事项表明其应借、应贷账户及其金额的记录称为(　　)。

A. 会计记录　　　　　　B. 会计分录

C. 会计账簿　　　　　　D. 会计报表

【答案】B

【解析】会计分录是指对某项交易或事项标明其应借、应贷账户及其金额的记录,简称分录。

五、借贷记账法下的试算平衡

试算平衡是指为保证会计账务处理的正确性,根据"资产=负债+所有者权益"的恒等。

关系以及借贷记账法的记账规则,检查和验证所有账户记录是否正确的过程,包括发生额试算平衡法和余额试算平衡法两种方法。

1．发生额试算平衡法

全部账户本期借方发生额合计＝全部账户本期贷方发生额合计

2．余额试算平衡法

全部账户的借方期初余额合计＝全部账户的贷方期初余额合计

全部账户的借方期末余额合计＝全部账户的贷方期末余额合计

借方本期发生额合计＝贷方本期发生额合计

借方期初余额合计＝贷方期初余额合计

借方期末余额合计＝贷方期末余额合计

3．试算平衡表的编制

试算平衡是通过编制试算平衡表进行的。试算平衡表通常是在期末结出各账户的本期发生额合计和期末余额后编制的，试算平衡表中一般应设置"期初余额""本期发生额"和"期末余额"三大栏目，其下分设"借方"和"贷方"两个小栏。各大栏中的借方合计与贷方合计应该平衡相等，否则，便存在记账错误。为了简化表格，试算平衡表也可只根据各个账户的本期发生额编制，不填列各账户的期初余额和期末余额。

【经典例题·单选】3月31日，A公司银行存款账户结存金额为13万元，3月份增加25万元，减少17万元，3月1日A公司银行存款账户的结存金额应是（　　）万元。

A．21　　　　B．－29　　　　C．5　　　　D．0

【答案】C

【解析】本期发生额＝25－17＝8（万元）；结存余额＝13－8＝5（万元）。

【题库·同步强化练习】

一、单项选择题（每题的备选项中，只有一个符合题意的正确答案。多选、错选、不选均不得分）

1．通过编制试算平衡表，能够检查出的记账差错是（　　）。

A. 漏记了某项经济业务

B. 错误地使用了应借记的会计科目

C. 只登记了会计分录的借方或贷方，漏记了另一方

D. 颠倒了记账方向

2. 李平报销差旅费 2 730 元，退回现金 270 元，结清预借款，该笔业务编制的会计分录是（　　）。

  A. 一借一贷　　　　　　B. 一借多贷

  C. 一贷多借　　　　　　D. 多借多贷

3. 下列会计分录形式中，属于简单会计分录的是（　　）。

  A. 一借一贷　　　　　　B. 一借多贷

  C. 一贷多借　　　　　　D. 多借多贷

4. 复合会计分录中的对应关系不包括（　　）。

  A. 一借一贷　　　　　　B. 一借多贷

  C. 一贷多借　　　　　　D. 多借多贷

5. 按照每次经济业务所涉及会计科目的多少，会计分录分为简单分录和复合分录，下列各项中属于复合分录的是（　　）。

  A. 一借多贷，一贷多借或多借多贷的会计分录

  B. 一借一贷的会计分录

  C. 有借无贷的会计分录

  D. 有贷无借的会计分录

6. 企业计算应交所得税时，正确的会计分录是（　　）。

  A. 借：本年利润

    贷：所得税费用

  B. 借：管理费用

    贷：所得税费用

  C. 借：所得税费用

    贷：银行存款

D. 借：所得税费用
   贷：应交税费——应交所得税

7. 某公司本月应付职工工资共计70 000元，其中生产工人工资60 000元，销售人员工资4 000元，企业行政管理人员工资6 000元，分配时，应做的会计分录为（   ）。

A. 借：应付职工薪酬　　70 000
   贷：现金　　70 000
B. 借：应付职工薪酬　　70 000
   贷：生产成本　　70 000
C. 借：应付职工薪酬　　70 000
   贷：生产成本　　60 000
      制造费用　　4 000
      管理费用　　6 000
D. 借：生产成本　　60 000
   销售费用　　4 000
   管理费用　　6 000
   贷：应付职工薪酬　　70 000

8. 下列关于单式记账法说法不正确的是（   ）。
A. 单式记账法是一种比较简单、不完整的记账方法
B. 在单式记账法下，科目之间没有直接联系和相互平衡关系
C. 单式记账法可以全面、系统地反映各项会计要素的增减变动和经济业务的来龙去脉
D. 这种方法适用于业务简单或很单一的经济个体和家庭

9. 关于借贷记账法试算平衡的表述中，不正确的是（   ）。
A. 试算平衡是为了检验一定时期内所发生经济业务在会计科目中记录的正确性
B. 试算平衡的方法包括发生额试算平衡法和余额平衡法

C. 试算平衡表借贷不相等，说明会计科目记录有错误

D. 试算平衡表是平衡的，说明会计科目记录正确

10. 甲公司月末编制的试算平衡表中，全部科目的本月贷方发生额合计为120万元，除银行存款外的本月借方发生额合计104万元，则银行存款科目（   ）。

A. 本月借方余额为16万元

B. 本月贷方余额为16万元

C. 本月贷方发生额为16万元

D. 本月借方发生额为16万元

11. 下列记账错误中，不能通过试算平衡检查发现的是（   ）。

A. 将某一分录的借方发生额600元，误写成6 000元

B. 某一分录的借贷方向写反

C. 借方的金额误记到贷方

D. 漏记了借方的发生额

12. 借贷记账法试算平衡的依据是（   ）。

A. 资金运动规律   B. 会计等式

C. 账户结构   D. 平行登记

13. 关于试算平衡法的下列说法不正确的是（   ）。

A. 包括发生额试算平衡法和余额试算平衡法

B. 试算不平衡，表明账簿记录肯定有错误

C. 试算平衡了，说明账簿记录一定正确

D. 发生额试算平衡的理论依据是"有借必有贷、借贷必相等"

14. 复式记账法是以（   ）为记账基础的一种记账方法。

A. 试算平衡   B. 资产和权益平衡

C. 会计科目   D. 经济业务

15. 总分类账户与明细分类账户平行登记四要点中的"依据相同"是指（   ）。

A. 总分类账要根据明细分类账进行登记

B. 明细分类账要根据总分类账进行登记

C. 根据同一会计凭证登记

D. 由同一人员进行登记

16. 对所发生的每项经济业务事项都要以会计凭证为依据，一方面计入有关总分类科目，另一方面计入有关总分类科目所属明细分类科目的方法称为（　　）。

A. 借贷记账法　　　　　　B. 试算平衡

C. 复式记账法　　　　　　D. 平行登记

17. 存在对应关系的科目称为（　　）。

A. 联系科目　　　　　　　B. 对应科目

C. 总分类科目　　　　　　D. 明细分类科目

18. 具有双重性质的结算账户，可以根据（　　）来判断其属于资产类还是负债类。

A. 借方发生额　　　　　　B. 贷方发生额

C. 期末余额　　　　　　　D. 平均发生额

19. 在实际工作中，余额试算平衡采用的方式是编制（　　）。

A. 余额表　　　　　　　　B. 发生额平衡表

C. 资产负债表　　　　　　D. 试算平衡表

20. 会计科目余额试算平衡法的确定根据（　　）。

A. 借贷记账法的记账规则

B. 经济业务的内容

C. 资产等于权益的平衡关系原理

D. 经济业务的类型

二、多项选择题（每题的备选项中，有两个或两个以上符合题意的正确答案。多选、错选、少选不得分）

1. 记账方法是在账簿中登记经济业务的方法。记账方法有

（　　）。

  A. 单式记账法   B. 收付记账法

  C. 复式记账法   D. 增减记账法

  2. 与单式记账法相比，复式记账法的优点是（　　）。

  A. 有一套完整的账户体系

  B. 可以清楚地反映经济业务的来龙去脉

  C. 可以对记录的结果进行试算平衡，以检查账户记录是否正确

  D. 记账手续简单

  3. 下列有关复式记账法的表述中，正确的有（　　）。

  A. 复式记账法一般应在两个或两个以上会计科目中登记，但有时也在一个会计科目中登记

  B. 复式记账法能如实反映资金运动的来龙去脉

  C. 复式记账法便于检查会计科目的记录是否正确

  D. 我国所有企事业单位都必须统一采用复式记账法中的借贷记账法进行会计核算

  4. 借贷记账法的特点有（　　）。

  A. "借"表示增加，"贷"表示减少

  B. 以"借""贷"为记账符号

  C. 可根据借贷平衡原理进行试算平衡

  D. 以"有借必有贷，借贷必相等"作为记账规则

  5. 以下符合借贷记账法的记账规则的有（　　）。

  A. 资产与权益同时增加，总额增加

  B. 资产与负债一增一减，总额不变

  C. 资产内部同时减少，总额减少

  D. 权益内部的一增一减，总额不变

  6. 借贷记账法下，可以在账户借方登记的是（　　）。

  A. 负债的减少   B. 费用的减少

C. 收入的减少 D. 资产的增加

7. 下列在贷方登记的是（ ）。

A. 费用的增加 B. 收入的增加

C. 负债的增加 D. 资产的减少

8. 会计分录的内容包括（ ）。

A. 经济业务内容摘要 B. 账户名称

C. 经济业务发生额 D. 应借、应贷方向

9. 对于会计分录的描述正确的有（ ）。

A. 会计分录是指对某项经济交易或事项标明其应借应贷会计科目及其金额的记录

B. 编制会计分录的格式，一般是先借后贷、上借下贷或左借右贷

C. 可以编制一借一贷、一借多贷、一贷多借和多借多贷的会计分录

D. 不允许企业编制多借多贷的会计分录

10. 下列各观点中，不正确的有（ ）。

A. 从某个企业看，其全部借方会计科目与全部贷方会计科目之间互为对应科目

B. 从某个会计分录看，其借方会计科目与贷方会计科目之间互为对应科目

C. 通过试算平衡，若企业的全部会计科目的借贷方金额合计相等，则会计科目记录正确

D. 企业不能编制多借多贷的会计分录

11. 下列记账错误，能通过试算平衡检查发现的有（ ）。

A. 将某一科目的发生额 500 元，误写为 5 000 元

B. 漏记了某一科目的发生额

C. 将应计入"管理费用"科目的借方发生额，误计入"销售

费用"科目的借方

D. 重复登记了某一科目的发生额

12. 下列记账错误，不能通过试算平衡表发现的有（　　）。

A. 重记某项经济业务　　　　B. 漏记某项经济业务

C. 记错账户名称　　　　　　D. 记账方向颠倒

13. 在编制试算平衡表时，应注意（　　）。

A. 必须保证所有账户的余额均已计入试算平衡表

B. 如果试算平衡，说明账户记录正确无误

C. 如果试算不平衡，账户记录肯定有错误，应认真查找，直到平衡为止

D. 即使试算平衡，也不能说明账户记录绝对正确

14. 关于试算平衡法的下列说法，正确的是（　　）。

A. 包括发生额试算平衡法和余额试算平衡法

B. 试算不平衡，表明账户记录肯定有错误

C. 试算平衡了，说明账户记录一定正确

D. 理论依据是"有借必有贷，借贷必相等"

15. 用公式表示试算平衡关系，正确的是（　　）。

A. 全部账户本期借方发生额合计 = 全部账户本期贷方发生额合计

B. 全部账户的借方期初余额合计 = 全部账户的贷方期初余额合计

C. 负债类账户借方发生额合计 = 负债类账户贷方发生额合计

D. 资产类账户借方发生额合计 = 资产类账户贷方发生额合计

16. 科目一般可以提供的金额指标有（　　）。

A. 期初余额　　　　　　　　B. 本期增加发生额

C. 期末余额　　　　　　　　D. 本期减少发生额

17. 不会影响借贷双方平衡关系的记账错误有（　　）。

A. 从开户银行提取现金500元，记账时重复登记一次

B. 收到现金100元，但没有登记入账

C. 收到某公司偿还欠款的转账支票5 000元，但会计分录的借方科目记为"库存现金"

D. 到开户银行存入现金1 000元，但编制记账凭证时误为"借记现金，贷记银行存款"

18. 会计分录的格式正确的有（　　）。

A. 先借后贷　　　　　　　B. 左右错开

C. 一借多贷，贷方文字对齐　　D. 一贷多借，借方金额对齐

19. 复式记账的意义包括（　　）。

A. 可以完整地反映资金运动的来龙去脉

B. 可以使记账手续更为简便

C. 可以全面、系统地记录和反映经济业务

D. 可以保持资金平衡关系

20. 单式记账法的优缺点有（　　）。

A. 记账手续比较简便

B. 记账手续比较复杂

C. 不能检查账户记录的正确性

D. 不能全面反映经济业务的来龙去脉

三、判断题（正确的请在题后括号中画"√"，错误的请在题后括号中画"×"。不判断、判断错误的均不得分）

1. 记账时，将借贷方向记错，不会影响借贷双方的平衡关系。（　　）

2. 企业可以将不同类型的经济业务合并在一起，这样可以形成复合会计分录。（　　）

3. 我国的会计制度规定，所有的单位记账都采用借贷记账法。

( )

4. 借贷记账法下，反映企业期间费用的账户与所有者权益类账户的结构相同。( )

5. 借贷记账法是目前最成熟、完善和科学的复式记账法。( )

6. 根据借贷记账法的记账规则，任何一笔交易的发生，都必须至少计入一个账户的借方和另一个账户的贷方。( )

7. "有借必有贷，借贷必相等"的记账规则要求一个账户的借方发生额合计必须等于贷方发生额合计。( )

8. 在借贷记账法下，一般借方登记增加数，贷方登记减少数。( )

9. 根据复式记账法原理，任何一项经济业务的发生，都将使两个以上会计科目发生增减变化，但增减金额的绝对值不一定相等。( )

10. 采用复式记账法能够全面反映经济业务的内容以及资金运动的来龙去脉。( )

11. 复合会计分录是由几个简单会计分录合并而成。( )

12. 试算平衡表平衡不一定记账没有错误，试算平衡表不平衡，说明记账有错误，应进一步检查。( )

13. 期末进行试算平衡时，全部资产类账户的本期借方发生额合计应当等于其贷方发生额合计。( )

14. 编制试算平衡表时，也应该包括只有期初余额而没有本期发生额的账户。( )

15. 试算平衡时，试算平衡了，说明账户记录是绝对正确的。( )

四、计算分析题

1. 某企业 6 月份发生以下经济业务：

(1) 6月2日，企业开出一张现金支票，从银行提取现金30 000元，备发工资；

(2) 6月5日，企业向希望工程捐款10 000元，已转账付讫；

(3) 6月6日，企业收回前欠货款200 000元，存入开户银行；

(4) 6月7日，企业购入一台不需要安装的机器，入账价值50 000元，货款已通过银行划转；

(5) 6月8日，企业从银行借入长期借款100 000元。

要求：根据上述业务编制相关会计分录。

2. 根据下列各账户中的有关数据，计算每个账户的未知数据。

账户名称	期初余额	本期增加额	本期减少额	期末余额
(1) 银行存款		300 000	270 000	35 000
(2) 固定资产	6 000 000	70 000	200 000	
(3) 应付账款	30 000		50 000	30 000
(4) 原材料	90 000	45 000		32 000
(5) 短期借款	50 000		70 000	30 000
(6) 库存商品	36 000	30 000	34 000	
(7) 应收账款	60 000	12 000		65 000
(8) 资本公积	10 000		16 000	16 000

【参考答案及解析】

一、**单项选择题**（每题的备选项中，只有一个符合题意的正确答案。多选、错选、不选均不得分）

1. C 【解析】借贷记账法试算平衡也有一定局限性，譬如，漏记了某项经济业务、错误地使用了应借应贷的会计科目以及颠倒了记账方向等，但是如果只登记了会计分录的借方或贷方，而漏记了另一方，会出现试算不相等的结果。

2. C 【解析】该笔经济业务的会计分录是：

借：管理费用　　　2 730
　　库存现金　　　　270
　　贷：其他应收款　　　3 000
属两借一贷分录，故为 C。

3. A　【解析】本题考核简单会计分录。简单会计分录指只涉及一个账户借方和另一个账户贷方的会计分录。

4. A　【解析】复合会计分录是指两个以上（不含两个）对应会计科目所组成的会计分录，即一借多贷、一贷多借或多借多贷的会计分录。

5. A　【解析】本题考核会计分录的分类。B 是简单分录，CD 是错误的会计分录。

6. D　【解析】本题考核所得税费用的核算。"所得税费用"属于费用类账户，所得税费用的增加计入借方。应交所得税通过"应交税费——应交所得税"核算。

7. D　【解析】生产部给工人的职工薪酬，借记"生产成本"科目，贷记"应付职工薪酬"科目；管理部门人员的职工薪酬，借记"管理费用"科目，贷记"应付职工薪酬"科目；销售人员的职工薪酬，借记"销售费用"，贷记"应付职工薪酬"科目，因此 D 选项正确。

8. C　【解析】本题考核单式记账法的特点。单式记账法没有一套完整的科目体系，不能全面、系统地反映各项会计要素的增减变动和经济业务的来龙去脉。

9. D　【解析】本题考核试算平衡的特点。试算表平衡了，不一定说明记录正确，因为有些错误不会影响借贷双方的平衡关系。如：漏记某项经济业务；重记某项经济业务；对相互对应的科目都以大于或小于正确金额的数字进行记账（借贷错误巧合，正好抵消）；对应科目的同方向串户（同方向记错科目）；记错方向，借、贷相反等。

10. D 【解析】本题考核试算平衡的应用。所有科目借方发生额合计等于所有科目贷方发生额合计，据此推算银行存款科目必须有借方发生额16万元。

11. B 【解析】本题考核试算平衡的特点。某一分录的借贷方向写反，通过试算平衡是无法发现的，因为此时借贷双方的金额仍然相等。

12. B 【解析】本题考核借贷记账法试算平衡的依据。试算平衡是以会计恒等式和借贷记账规则为理论基础的。

13. C 【解析】本题考核试算平衡的特点。试算平衡了，不一定说明账簿记录绝对正确，因为有些错误不会影响借贷双方的平衡关系。如：漏记某项经济业务；重记某项经济业务；对相互对应的科目都以大于或小于正确金额的数字进行记账（借贷错误巧合，正好抵消）；对应科目的同方向串户（同方向记错科目）；记错方向，借、贷相反等。

14. B 【解析】复式记账法是以资产和权益平衡关系为记账基础的一种记账方法。

15. C 【解析】平行登记四要点中的"依据相同"是指根据同一会计凭证登记。

16. D 【解析】平行登记是指对所发生的每项经济业务都要以会计凭证为依据。一方面计入有关总分类账户，另一方面计入所属明细分类账户的方法。

17. B 【解析】存在对应关系的科目称为对应科目。

18. C 【解析】具有双重性质的结算账户，可以根据期末余额来判断其属于资产类还是属于负债类。

19. D 【解析】在实际工作中，余额试算平衡采用的方式是编制试算平衡表。

20. C 【解析】会计科目余额试算平衡法的确定根据资产等于权益的平衡关系原理。

二、多项选择题（每题的备选项中,有两个或两个以上符合题意的正确答案。多选、错选、少选不得分)

1. AC 【解析】本题考核记账方法的种类。记账方法有两种:一种是单式记账法,一种是复式记账法。

2. ABC 【解析】本题考核复式记账法的优点。记账手续简单是单式记账法的优点。

3. BCD 【解析】本题考核复式记账法的概念及特点。复式记账法是以资产与权益平衡关系,对每一项经济业务,都要在两个或两个以上相互联系的会计科目中进行登记,系统地反映每一项经济业务所引起的会计要素的增减变化及其结果的一种记账方法。

4. BCD 【解析】本题考核借贷记账法的特点。借贷记账法哪方登记增加,哪方登记减少,取决于账户反映的经济内容的性质。

5. AD 【解析】本题考核借贷记账法的记账规则。根据资产=负债+所有者权益,选项BC破坏了会计恒等式的恒等关系。

6. ACD 【解析】在借贷记账法下,资产和费用的增加以及负债、所有者权益、收入的减少记借方。

7. BCD 【解析】费用的增加登记在账户的借方,收入的增加、负债的增加、资产的减少均登记在账户的贷方。故答案为BCD。

8. BCD 【解析】会计分录的内容包括账户名称、经济业务的发生额与应借、应贷方向。故选BCD。

9. ABC 【解析】本题考核会计分录的相关内容。企业可以根据实际发生经济业务的需要编制多借多贷的会计分录。

10. ACD 【解析】本题考核试算平衡的相关内容。即便通过试算平衡，企业的全部会计科目的借贷方金额合计相等，也不能说明账户记录绝对正确，因为有些错误并不会影响借贷双方的平衡关系。企业可以根据实际发生经济业务的需要编制多借多贷的会计分录。

11. ABD 【解析】本题考核试算平衡的定义和特征。试算平衡了，不一定说明账户记录绝对正确，因为有些错误不会影响借贷双方的平衡关系。如：漏记某项经济业务；重记某项经济业务；对相互对应的账户都以大于或小于正确金额的数字进行记账（借贷错误巧合，正好抵消）；对应账户的同方向串户（同方向记错账户）；借贷方向记反等。发生额试算平衡法理论的依据是"有借必有贷、借贷必相等"。

12. ABCD 【解析】本题考核试算平衡表的相关内容。

13. ACD 【解析】本题考核编制试算平衡表的相关内容。即便实现了试算平衡，也不能说明账户记录绝对正确，因为有些错误并不会影响借贷双方的平衡关系。

14. ABD 【解析】试算平衡了，不一定说明账户记录绝对正确，因为有些错误不会影响借贷双方的平衡关系。如：漏记某项经济业务；重记某项经济业务；对相互对应的账户都以大于或小于正确金额的数字进行记账（借贷错误巧合，正好抵消）；对应账户的同方向串户（同方向记错账户）；记错方向，借、贷相反；等等。

15. AB 【解析】本题考核试算平衡关系的公式。所谓的试算平衡指的是根据资产与权益的恒等关系以及借贷记账法的记账规则，检查所有账户记录是否正确的过程，包括发生额试算平衡法和余额试算平衡法两种方法。涉及三个平衡关系等式：

全部账户本期借方发生额合计＝全部账户本期贷方发生额合计

全部账户的借方期初余额合计＝全部账户的贷方期初余额合计

全部账户的借方期末余额合计＝全部账户的贷方期末余额合计

16. ABCD 【解析】科目一般可以提供的金额指标有期初余额、期末余额、本期增加发生额和本期减少发生额。

17. ABCD 【解析】上述几种错误都不影响借贷双方平衡关系。

18. ABCD 【解析】会计分录的书写格式是：上借下贷，左右错开。具体表现为：先借后贷，左右错开，在一借多贷或一贷多借和多借多贷的情况下，借方或贷方的文字要对齐，金额也要对齐。故全选。

19. ACD 【解析】单式记账法记账手续更为简便。

20. ACD 【解析】单式记账法记账手续更为简便。

三、判断题（正确的请在题后括号中画"√"，错误的请在题后括号中画"×"。不判断、判断错误的均不得分）

1. √

2. × 【解析】复合会计分录是由若干简单会计分录复合而成的，但为了保持账户对应关系清晰，一般不应把不同经济业务合并在一起。

3. √

4. × 【解析】期间费用的账户结构为借方登记费用的增加，贷方登记费用的减少，期末一般无余额。所有者权益类账户结构为贷方登记所有者权益的增加，借方登记所有者权益的减少，账户的余额在贷方。

5. √

6. √

7. × 【解析】因为"有借必有贷，借贷必相等"的记账规则是要求一笔分录的借方登记数与贷方登记数相等，而不是一个账户的借方发生额合计和贷方发生额合计相等。

8. × 【解析】在借贷记账法下,哪一方记增加,哪一方记减少,取决于账户的性质,如负债类账户,贷方记增加,借方记减少。

9. × 【解析】根据复式记账法原理,任何一项经济业务的发生都以相等的金额在两个或两个以上相互联系的账户进行登记。

10. √

11. × 【解析】复合会计分录是指一项经济业务涉及两个或两个以上的账户的分录,即一借多贷或一贷多借的会计分录。

12. √

13. × 【解析】全部资产类账户的借方发生额合计不一定等于其贷方发生额合计,只有全部账户的借方发生额合计等于全部账户的贷方发生额合计。

14. × 【解析】一个账户的借方发生额合计不一定等于贷方发生额合计,只有全部账户的借方发生额合计才能等于贷方发生额合计。

15. × 【解析】试算平衡了,不一定说明账户记录绝对正确,因为有些错误不会影响借贷双方的平衡关系。

四、计算分析题

1.（1）借：库存现金　　30 000
　　　　贷：银行存款　　30 000
（2）借：营业外支出　　10 000
　　　　贷：银行存款　　10 000
（3）借：银行存款　　200 000
　　　　贷：应收账款　　200 000
（4）借：固定资产　　50 000

　　　　　贷：银行存款　　50 000
　　(5) 借：银行存款　　100 000
　　　　　贷：长期借款　　100 000
2.

账户名称	期初余额	本期增加额	本期减少额	期末余额
(1) 银行存款	5 000	300 000	270 000	35 000
(2) 固定资产	6 000 000	70 000	200 000	5 870 000
(3) 应付账款	30 000	50 000	50 000	30 000
(4) 原材料	90 000	45 000	103 000	32 000
(5) 短期借款	50 000	50 000	70 000	30 000
(6) 库存商品	36 000	30 000	34 000	32 000
(7) 应收账款	60 000	12 000	7 000	65 000
(8) 资本公积	10 000	22 000	16 000	16 000

第五章 借贷记账法下主要经济业务的账务处理

【考情分析】

本章在考试中所占分值最高，涉及考试的全部题型，属于最重要的章节。本章的重点为：企业资金的循环与周转过程、企业主要经济业务的会计科目、企业主要经济业务的账务处理、企业净利润的计算和净利润的分配。

【知识结构图示】

借贷记账法下主要经济业务的账务处理
- 企业的主要经济业务
- 资金筹集业务的账务处理
  - 所有者权益筹资业务
  - 负债筹资业务
- 固定资产业务的账务处理
  - 固定资产的概念与特征
  - 固定资产的成本
  - 固定资产的折旧
  - 账户设置
  - 账务处理
- 材料采购业务的账务处理
  - 材料的采购成本
  - 账户设置
  - 账务处理
- 生产业务的账务处理
  - 生产费用的构成
  - 账户设置
  - 账务处理
- 销售业务的账务处理
  - 商品销售收入的确认与计量
  - 账户设置
  - 账务处理
- 期间费用的账务处理
  - 期间费用的构成
  - 账户设置
  - 账务处理
- 利润形成与分配业务的账务处理
  - 利润形成的账务处理
  - 利润分配的账务处理

【本章知识要点】

第一节　企业的经济业务

不同企业的经济业务各有特点，其生产经营业务流程也不尽相同，本章主要介绍企业的资金筹集、设备购置、材料采购、产品生产、商品销售和利润分配等经济业务。

针对企业生产经营过程中发生的上述经济业务，账务处理的主要内容有：(1)资金筹集业务的账务处理；(2)固定资产业务的账务处理；(3)材料采购业务的账务处理；(4)生产业务的账务处理；(5)销售业务的账务处理；(6)期间费用的账务处理；(7)利润形成与分配业务的账务处理。

第二节　资金筹集业务的账务处理

企业的资金筹集业务按其资金来源通常分为所有者权益筹资和负债筹资。所有者权益筹资形成所有者的权益（通常称为权益资本），包括投资者的投资及其增值，这部分资本的所有者既享有企业的经营收益，也承担企业的经营风险；负债筹资形成债权人的权益（通常称为债务资本），主要包括企业向债权人借入的资金和结算形成的负债资金等，这部分资本的所有者享有按约收回本金和利息的权利。

一、所有者权益筹资业务

(一) 所有者投入资本的构成

所有者投入资本按照投资主体的不同可以分为国家资本金、法人资本金、个人资本金和外商资本金等。

所有者投入的资本主要包括实收资本（或股本）和资本公积。

实收资本（或股本）是指企业的投资者按照企业章程、合同或协议的约定，实际投入企业的资本金以及按照有关规定由资本公积、盈余公积等转增资本的资金。

资本公积是企业收到投资者投入的超出其在企业注册资本（或股本）中所占份额的投资，以及直接计入所有者权益的利得和损失等。资本公积作为企业所有者权益的重要组成部分，主要用于转增资本。

（二）账户设置

企业通常设置以下账户对所有者权益筹资业务进行核算：

1."实收资本（或股本）"账户

"实收资本"账户（股份有限公司一般设置"股本"账户）属于所有者权益类账户，用以核算企业接受投资者投入的实收资本。

该账户贷方登记所有者投入企业资本金的增加额，借方登记所有者投入企业资本金的减少额。期末余额在贷方，反映企业期末实收资本（或股本）总额。

该账户可按投资者的不同设置明细账户，进行明细核算。

【经典例题·单选】有关"实收资本"账户的说法错误的是（　　）。

A．其所属所有者权益账户

B．其借方登记按规定减少的资本

C．其贷方登记投资者投入的资本

D．期末无余额

【答案】D

【解析】"实收资本"账户期末有余额。

2."资本公积"账户

"资本公积"账户属于所有者权益类账户，用以核算企业收到投资者出资额超出其在注册资本或股本中所占份额的部分，以及直接计入所有者权益的利得和损失等。

该账户借方登记资本公积的减少额，贷方登记资本公积的增加额。期末余额在贷方，反映企业期末资本公积的结余数额。

该账户可按资本公积的来源不同,分别"资本溢价(或股本溢价)""其他资本公积"进行明细核算。

【经典例题·单选】股份有限公司溢价发行股票时,实际收到的款项超过股票面值总额时,计入(   )账户进行核算。

A. 实收资本   B. 短期借款
C. 资本公积   D. 盈余公积

【答案】C

【解析】溢价发行股票时:借:银行存款;贷:股本;贷:资本公积——股本溢价。

3."银行存款"账户

"银行存款"账户属于资产类账户,用以核算企业存入银行或其他金融机构的各种款项,但是银行汇票存款、银行本票存款、信用卡存款、信用证保证金存款、存出投资款、外埠存款等,通过"其他货币资金"账户核算。

该账户借方登记存入的款项,贷方登记提取或支出的存款。期末余额在借方,反映企业存在银行或其他金融机构的各种款项。

该账户应当按照开户银行、存款种类等分别进行明细核算。

(三)账务处理

企业接受投资者投入的资本,借记"银行存款""固定资产""无形资产""长期股权投资"等科目,按其在注册资本或股本中所占份额,贷记"实收资本(或股本)"科目,按其差额,贷记"资本公积——资本溢价(或股本溢价)"科目。

二、负债筹资业务

(一)负债筹资的构成

负债筹资主要包括短期借款、长期借款以及结算形成的负债等。

短期借款是指企业为了满足其生产经营对资金的临时性需要而向银行或其他金融机构等借入的偿还期限在一年以内（含一年）的各种借款。

长期借款是指企业向银行或其他金融机构等借入的偿还期限在一年以上（不含一年）的各种借款。

结算形成的负债主要有应付账款、应付职工薪酬、应交税费等。

（二）账户设置

企业通常设置以下账户对负债筹资业务进行会计核算：

1．"短期借款"账户

"短期借款"账户属于负债类账户，用以核算企业的短期借款。

该账户贷方登记短期借款本金的增加额，借方登记短期借款本金的减少额。期末余额在贷方，反映企业期末尚未归还的短期借款。

该账户可按借款种类、贷款人和币种进行明细核算。

2．"长期借款"账户

"长期借款"账户属于负债类账户，用以核算企业的长期借款。

该账户贷方登记企业借入的长期借款本金，借方登记归还的本金和利息。期末余额在贷方，反映企业期末尚未偿还的长期借款。

该账户可按贷款单位和贷款种类，分别"本金""利息调整"等进行明细核算。

【经典例题·多选】计提长期借款利息的账务处理中，借方可能涉及的账户有（　　）。

A．管理费用　　　　　　　　B．财务费用
C．在建工程　　　　　　　　D．长期借款

【答案】ABC

【解析】长期借款计提利息时：

借：财务费用（或管理费用、在建工程）
　　贷：应付利息

3．"应付利息"账户

"应付利息"账户属于负债类账户，用以核算企业按照合同约定应支付的利息，包括吸收存款、分期付息到期还本的长期借款、企业债券等应支付的利息。

该账户贷方登记企业按合同利率计算确定的应付未付利息，借方登记归还的利息。期末余额在贷方，反映企业应付未付的利息。

该账户可按存款人或债权人进行明细核算。

4．"财务费用"账户

"财务费用"账户属于损益类账户，用以核算企业为筹集生产经营所需资金等而发生的筹资费用，包括利息支出（减利息收入）、汇兑损益以及相关的手续费、企业发生的现金折扣或收到的现金折扣等。为购建或生产满足资本化条件的资产发生的应予资本化的借款费用，通过"在建工程""制造费用"等账户核算。

该账户借方登记手续费、利息费用等的增加额，贷方登记应冲减财务费用的利息收入等。期末结转后，该账户无余额。

该账户可按费用项目进行明细核算。

（三）账务处理

1．短期借款的账务处理

企业借入的各种短期借款，借记"银行存款"科目，贷记"短期借款"科目；归还借款时做相反的会计分录。资产负债表日，应按计算确定的短期借款利息费用，借记"财务费用"科目，贷记"银行存款""应付利息"等科目。

2．长期借款的账务处理

企业借入长期借款，应按实际收到的金额借记"银行存款"科目，按借款本金贷记"长期借款——本金"科目，如存在差额，还应借记"长期借款——利息调整"科目。

资产负债表日,应按确定的长期借款的利息费用,借记"在建工程""制造费用""财务费用""研发支出"等科目,按确定的应付未付利息,贷记"应付利息"科目,按其差额,贷记"长期借款——利息调整"等科目。

第三节　固定资产业务的账务处理

一、固定资产的概念与特征

固定资产是指为生产商品、提供劳务、出租或者经营管理而持有、使用寿命超过一个会计年度的有形资产。

固定资产同时具有以下特征:(1)属于一种有形资产;(2)为生产商品、提供劳务、出租或者经营管理而持有;(3)使用寿命超过一个会计年度。

二、固定资产的成本

固定资产的成本是指企业购建某项固定资产达到预定可使用状态前所发生的一切合理、必要的支出。

企业可以通过外购、自行建造、投资者投入、非货币性资产交换、债务重组、企业合并和融资租赁等方式取得固定资产。不同取得方式下,固定资产成本的具体构成内容及其确定方法也不尽相同。

外购固定资产的成本,包括购买价款、相关税费(2009年1月1日增值税转型改革后,企业购建(包括购进、接受捐赠、实物投资、自制、改扩建和安装)生产用固定资产发生的增值税进项税额可以从销项税额中抵扣。)、使固定资产达到预定可使用状态前所发生的可归属于该项资产的运输费、装卸费、安装费和专业人员服务费等。

三、固定资产的折旧

固定资产折旧是指在固定资产使用寿命内，按照确定的方法对应计折旧额进行的系统分摊。其中，应计折旧额是指应当计提折旧的固定资产的原价扣除其预计净残值后的金额。已计提减值准备的固定资产，还应当扣除已计提的固定资产减值准备累计金额。

预计净残值是指假定固定资产的预计使用寿命已满并处于使用寿命终了时的预期状态，企业目前从该项资产的处置中获得的扣除预计处置费用后的金额。预计净残值率是指固定资产预计净残值额占其原价的比率。企业应当根据固定资产的性质和使用情况，合理确定固定资产的预计净残值。预计净残值一经确定，不得随意变更。

企业应当按月对所有的固定资产计提折旧，但是，已提足折旧仍继续使用的固定资产、单独计价入账的土地和持有待售的固定资产除外。提足折旧是指已经提足该项固定资产的应计折旧额。当月增加的固定资产，当月不计提折旧，从下月起计提折旧；当月减少的固定资产，当月仍计提折旧，从下月起不计提折旧。提前报废的固定资产，不再补提折旧。

企业可选用的折旧方法有年限平均法、工作量法、双倍余额递减法和年数总和法等。本大纲重点介绍年限平均法和工作量法。

年限平均法，又称直线法，是指将固定资产的应计折旧额均匀地分摊到固定资产预计使用寿命内的一种方法，各月应计提折旧额的计算公式如下：

月折旧额 =（固定资产原价 - 预计净残值）× 月折旧率

其中：月折旧率 = 年折旧率 ÷ 12

$$年折旧率 = \frac{1}{预计使用寿命（年）} \times 100\%$$

工作量法，是根据实际工作量计算每期应提折旧额的一种方

法。计算公式如下:

某项固定资产月折旧额 = 该项固定资产当月工作量 × 单位工作量折旧额

其中:单位工作量折旧额 = $\dfrac{固定资产原价 \times (1 - 预计净残值率)}{预计总工作量}$

不同的固定资产折旧方法,将影响固定资产使用寿命期间内不同时期的折旧费用。企业应当根据与固定资产有关的经济利益的预期实现方式合理选择折旧方法,固定资产的折旧方法一经确定,不得随意变更。

固定资产在其使用过程中,因所处经济环境、技术环境以及其他环境均有可能发生很大变化,企业至少应当于每年年度终了,对固定资产的使用寿命、预计净残值和折旧方法进行复核。固定资产使用寿命、预计净残值和折旧方法的改变,应当作为会计估计变更。

【经典例题·多选】固定资产折旧方法中,从第一年起就需要考虑固定资产预计净残值的方法有(　　)。

A. 年限平均法　　　　　　　B. 工作量法
C. 双倍余额递减法　　　　　D. 年限总和法

【答案】ABD

【解析】采用双倍余额递减法计提折旧除最后两年外其他年度是不考虑固定资产预计净残值,其他三种方法都是需要考虑固定资产净残值的,所以本题选 ABD。

四、账户设置

企业通常设置以下账户对固定资产业务进行会计核算:

1."在建工程"账户

"在建工程"账户属于资产类账户,用以核算企业基建、更新改造等在建工程发生的支出。

该账户借方登记企业各项在建工程的实际支出，贷方登记工程达到预定可使用状态时转出的成本等。期末余额在借方，反映企业期末尚未达到预定可使用状态的在建工程的成本。

该账户可按"建筑工程""安装工程""在安装设备""待摊支出"以及单项工程等进行明细核算。

2．"工程物资"账户

"工程物资"账户属于资产类账户，用以核算企业为在建工程准备的各种物资的成本，包括工程用材料、尚未安装的设备以及为生产准备的工器具等。

该账户借方登记企业购入工程物资的成本，贷方登记领用工程物资的成本。期末余额在借方，反映企业期末为在建工程准备的各种物资的成本。

该账户可按"专用材料""专用设备""工器具"等进行明细核算。

3．"固定资产"账户

"固定资产"账户属于资产类账户，用以核算企业持有的固定资产原价。

该账户的借方登记固定资产原价的增加，贷方登记固定资产原价的减少。期末余额在借方，反映企业期末固定资产的原价。

该账户可按固定资产类别和项目进行明细核算。

4．"累计折旧"账户

"累计折旧"账户属于资产类备抵账户，用以核算企业固定资产计提的累计折旧。

该账户贷方登记按月提取的折旧额，即累计折旧的增加额，借方登记因减少固定资产而转出的累计折旧。期末余额在贷方，反映期末固定资产的累计折旧额。

该账户可按固定资产的类别或项目进行明细核算。

五、账务处理

（一）固定资产的购入

企业购入不需要安装的固定资产，按应计入固定资产成本的金额，借记"固定资产""应交税费——应交增值税（进项税额）"科目，贷记"银行存款"等科目。

（二）固定资产的折旧

企业按月计提的固定资产折旧，根据固定资产的用途计入相关资产的成本或者当期损益，借记"制造费用""销售费用""管理费用""研发支出""其他业务成本"等科目，贷记"累计折旧"科目。

第四节　材料采购业务的账务处理

一、材料的采购成本

材料的采购成本是指企业物资从采购到入库前所发生的全部支出，包括购买价款、相关税费、运输费、装卸费、保险费以及其他可归属于采购成本的费用。

在实务中，企业也可以将发生的运输费、装卸费、保险费以及其他可归属于采购成本的费用等先进行归集，期末按照所购材料的存销情况进行分摊。

二、账户设置

企业通常设置以下账户对材料采购业务进行会计核算：

1．"原材料"账户

"原材料"账户属于资产类账户，用以核算企业库存的各种材料，包括原料及主要材料、辅助材料、外购半成品（外购件）、修理用备件（备品备件）、包装材料、燃料等的计划成本或实际成本。企业收到来料加工装配业务的原料、零件等，应当设置备查簿进行登记。

该账户借方登记已验收入库材料的成本,贷方登记发出材料的成本。期末余额在借方,反映企业库存材料的计划成本或实际成本。

该账户可按材料的保管地点(仓库)、材料的类别、品种和规格等进行明细核算。

【经典例题·单选】在借贷记账法下,"原材料"账户的余额( )。

A. 只能在借方

B. 只能在贷方

C. 既可能在借方也可能在贷方

D. 肯定为零

【答案】A

【解析】原材料属于资产类账户,其余额在借方,表示库存材料的实际成本。注意:如果是一般纳税人,增值税作为进项税可以进行抵扣,不计入原材料的入账价值。

2. "材料采购"账户

"材料采购"账户属于资产类账户,用以核算企业采用计划成本进行材料日常核算而购入材料的采购成本。

该账户借方登记企业采用计划成本进行核算时,采购材料的实际成本以及材料入库时结转的节约差异,贷方登记入库材料的计划成本以及材料入库时结转的超支差异。期末余额在借方,反映企业在途材料的采购成本。

该账户可按供应单位和材料品种进行明细核算。

3. "材料成本差异"账户

"材料成本差异"账户属于资产类账户,用以核算企业采用计划成本进行日常核算的材料计划成本与实际成本的差额。

该账户借方登记入库材料形成的超支差异以及转出的发出材料应负担的节约差异，贷方登记入库材料形成的节约差异以及转出的发出材料应负担的超支差异。期末余额在借方，反映企业库存材料等的实际成本大于计划成本的差异；期末余额在贷方，反映企业库存材料等的实际成本小于计划成本的差异。

该账户可以分别"原材料""周转材料"等，按照类别或品种进行明细核算。

4．"在途物资"账户

"在途物资"账户属于资产类账户，用以核算企业采用实际成本（或进价）进行材料、商品等物资的日常核算、货款已付尚未验收入库的在途物资的采购成本。

该账户借方登记购入材料、商品等物资的买价和采购费用（采购实际成本），贷方登记已验收入库材料、商品等物资应结转的实际采购成本。期末余额在借方，反映企业期末在途材料、商品等物资的采购成本。

该账户可按供应单位和物资品种进行明细核算。

5．"应付账款"账户

"应付账款"账户属于负债类账户，用以核算企业因购买材料、商品和接受劳务等经营活动应支付的款项。

该账户贷方登记企业因购入材料、商品和接受劳务等尚未支付的款项，借方登记偿还的应付账款。期末余额一般在贷方，反映企业期末尚未支付的应付账款余额；如果在借方，反映企业期末预付账款余额。

该账户可按债权人进行明细核算。

6．"应付票据"账户

"应付票据"账户属于负债类账户，用以核算企业购买材料、商品和接受劳务等开出、承兑的商业汇票，包括银行承兑汇票和商业承兑汇票。

该账户贷方登记企业开出、承兑的商业汇票，借方登记企业已经支付或者到期无力支付的商业汇票。期末余额在贷方，反映企业尚未到期的商业汇票的票面金额。该账户可按债权人进行明细核算。

7."预付账款"账户

"预付账款"账户属于资产类账户，用以核算企业按照合同规定预付的款项。预付款项情况不多的，也可以不设置该账户，将预付的款项直接计入"应付账款"账户。

该账户的借方登记企业因购货等业务预付的款项，贷方登记企业收到货物后应支付的款项等。期末余额在借方，反映企业预付的款项；期末余额在贷方，反映企业尚需补付的款项。

该账户可按供货单位进行明细核算。

8."应交税费"账户

"应交税费"账户属于负债类账户，用以核算企业按照税法等规定计算应交纳的各种税费，包括增值税、消费税、营业税、所得税、资源税、土地增值税、城市维护建设税、房产税、土地使用税、车船使用税、教育费附加、矿产资源补偿费等，企业代扣代交的个人所得税等，也通过本账户核算。

该账户贷方登记各种应交未交税费的增加额，借方登记实际缴纳的各种税费。期末余额在贷方，反映企业尚未交纳的税费；期末余额在借方，反映企业多交或尚未抵扣的税费。

该账户可按应交的税费项目进行明细核算。

三、账务处理

材料的日常收发结存可以采用实际成本核算，也可以采用计划成本核算。

(一) 实际成本法核算的账务处理

实际成本法下，一般通过"原材料"和"在途物资"等科目进行核算。企业外购材料时，按材料是否验收入库分为以下两种情况：

1. 材料已验收入库

如果货款已经支付，发票账单已到，材料已验收入库，按支付的实际金额，借记"原材料""应交税费——应交增值税（进项税额）"等科目，贷记"银行存款""预付账款"等科目。

如果货款尚未支付，材料已经验收入库，按相关发票凭证上应付的金额，借记"原材料""应交税费——应交增值税（进项税额）"等科目，贷记"应付账款""应付票据"等科目。

如果货款尚未支付，材料已经验收入库，但月末仍未收到相关发票凭证，按照暂估价入账，即借记"原材料"科目，贷记"应付账款"等科目。下月月初作相反分录予以冲回，收到相关发票账单后再编制会计分录。

2. 材料尚未验收入库

如果货款已经支付，发票账单已到，但材料尚未验收入库，按支付的金额，借记"在途物资""应交税费——应交增值税（进项税额）"等科目，贷记"银行存款"等科目；待验收入库时再作后续分录。

对于可以抵扣的增值税进项税额，一般纳税人企业应根据收到的增值税专用发票上注明的增值税额，借记"应交税费——应交增值税（进项税额）"科目。

【经典例题·多选】下列关于原材料收发的科目中，属于实际成本法下使用的有（　　）。

A．"材料采购"　　　　　　B．"原材料"
C．"材料成本差异"　　　　D．"在途物资"

【答案】BD

【解析】"材料采购""材料成本差异"属于计划成本法下使用的科目。

(二)计划成本法核算的账务处理

计划成本法下,一般通过"材料采购""原材料""材料成本差异"等科目进行核算。企业外购材料时,按材料是否验收入库分为以下两种情况:

1. 材料已验收入库

如果货款已经支付,发票账单已到,材料已验收入库,按支付的实际金额,借记"材料采购"科目,贷记"银行存款"科目;按计划成本金额,借记"原材料"科目,贷记"材料采购"科目;按计划成本与实际成本之间的差额,借记(或贷记)"材料采购"科目,贷记(或借记)"材料成本差异"科目。

如果货款尚未支付,材料已经验收入库,按相关发票凭证上应付的金额,借记"材料采购"科目,贷记"应付账款""应付票据"等科目;按计划成本金额,借记"原材料"科目,贷记"材料采购"科目;按计划成本与实际成本之间的差额,借记(或贷记)"材料采购"科目,贷记(或借记)"材料成本差异"科目。

如果材料已经验收入库,货款尚未支付,月末仍未收到相关发票凭证,按照计划成本暂估入账,即借记"原材料"科目,贷记"应付账款"等科目。下月月初作相反分录予以冲回,收到账单后再编制会计分录。

2. 材料尚未验收入库

如果相关发票凭证已到,但材料尚未验收入库,按支付或应付的实际金额,借记"材料采购"科目,贷记"银行存款""应付账款"等科目;待验收入库时再作后续分录。对于可以抵扣的增值税进项税额,一般纳税人企业应根据收到的增值税专用发票上注明的增值税额，借记"应交税费——应交增值税（进项税额）"科目。

第五节 生产业务的账务处理

企业产品的生产过程同时也是生产资料的耗费过程。企业在生产过程中发生的各项生产费用，是企业为获得收入而预先垫支并需要得到补偿的资金耗费。这些费用最终都要归集、分配给特定的产品，形成产品的成本。

产品成本的核算是指把一定时期内企业生产过程中所发生的费用，按其性质和发生地点，分类归集、汇总、核算，计算出该时期内生产费用发生总额，并按适当方法分别计算出各种产品的实际成本和单位成本等。

一、生产费用的构成

生产费用是指与企业日常生产经营活动有关的费用，按其经济用途可分为直接材料、直接人工和制造费用。

1．直接材料

直接材料是指构成产品实体的原材料以及有助于产品形成的主要材料和辅助材料。

2．直接人工

直接人工是指直接从事产品生产的工人的职工薪酬。

3．制造费用

制造费用是指企业为生产产品和提供劳务而发生的各项间接费用。

二、账户设置

企业通常设置以下账户对生产费用业务进行会计核算：

1．"生产成本"账户

"生产成本"账户属于成本类账户，用以核算企业生产各种产品（产成品、自制半成品等）、自制材料、自制工具、自制设备等发生的各项生产成本。

该账户借方登记应计入产品生产成本的各项费用，包括直接计入产品生产成本的直接材料费、直接人工费和其他直接支出，以及期末按照一定的方法分配计入产品生产成本的制造费用；贷方登记完工入库产成品应结转的生产成本。期末余额在借方，反映企业期末尚未加工完成的在产品成本。

该账户可按基本生产成本和辅助生产成本进行明细分类核算。基本生产成本应当分别按照基本生产车间和成本核算对象（如产品的品种、类别、定单、批别、生产阶段等）设置明细账（或成本计算单），并按照规定的成本项目设置专栏。

【经典例题·单选】下列关于"生产成本"账户的表述中，正确的是（　　）。

A. "生产成本"账户期末肯定无余额

B. "生产成本"账户期末若有余额，肯定在借方

C. "生产成本"账户的余额代表已经完工产品的成本

D. "生产成本"账户的余额代表本期发生的生产费用总额

【答案】B

【解析】"生产成本"期末余额一般在借方，表示尚未完工的在产品的实际生产成本。贷方发生额登记完工产品成本。

2. "制造费用"账户

"制造费用"账户属于成本类账户，用以核算企业生产车间（部门）为生产产品和提供劳务而发生的各项间接费用。

该账户借方登记实际发生的各项制造费用，贷方登记期末按照一定标准分配转入"生产成本"账户借方的应计入产品成本的制造费用。期末结转后，该账户一般无余额。

该账户可按不同的生产车间、部门和费用项目进行明细核算。

3."库存商品"账户

"库存商品"账户属于资产类账户，用以核算企业库存的各种商品的实际成本（或进价）或计划成本（或售价），包括库存产成品、外购商品、存放在门市部准备出售的商品、发出展览的商品以及寄存在外的商品等。

该账户借方登记验收入库的库存商品成本，贷方登记发出的库存商品成本。期末余额在借方，反映企业期末库存商品的实际成本（或进价）或计划成本（或售价）。

该账户可按库存商品的种类、品种和规格等进行明细核算。

4."应付职工薪酬"账户

"应付职工薪酬"账户属于负债类账户，用以核算企业根据有关规定应付给职工的各种薪酬。

该账户借方登记本月实际支付的职工薪酬数额；贷方登记本月计算的应付职工薪酬总额，包括各种工资、奖金、津贴和福利费等。期末余额在贷方，反映企业应付未付的职工薪酬。

该账户可按"工资""职工福利""社会保险费""住房公积金""工会经费""职工教育经费""非货币性福利""辞退福利""股份支付"等进行明细核算。

三、账务处理

1．材料费用的归集与分配

在确定材料费用时，应根据领料凭证区分车间、部门和不同用途后，按照确定的结果将发出材料的成本借记"生产成本""制造费用""管理费用"等科目，贷记"原材料"等科目。

对于直接用于某种产品生产的材料费用，应直接计入该产品生产成本明细账中的直接材料费用项目；对于由多种产品共同耗用、应由这些产品共同负担的材料费用，应选择适当的标准在这些产品之间进行分配,按分担的金额计入相应的成本计算对象(生产产品的品种、类别等);对于为提供生产条件等间接消耗的各种材料费用,应先通过"制造费用"科目进行归集,期末再同其他间接费用一起按照一定的标准分配计入有关产品成本;对于行政管理部门领用的材料费用,应计入"管理费用"科目。

2.职工薪酬的归集与分配

职工薪酬是指企业为获得职工提供的服务或解除劳动关系而给予各种形式的报酬或补偿,具体包括:短期薪酬、离职后福利、辞退福利和其他长期职工福利。企业提供给职工配偶、子女、受赡养人、已故员工遗嘱及其他受益人等的福利,也属于职工薪酬。

对于短期职工薪酬,企业应当在职工为其提供服务的会计期间,按实际发生额确认为负债,并计入当期损益或相关资产成本。企业应当根据职工提供服务的受益对象,分下列情况处理:

(1)应由生产产品、提供劳务负担的短期职工薪酬,计入产品成本或劳务成本。其中,生产工人的短期职工薪酬应借记"生产成本"科目,贷记"应付职工薪酬"科目;生产车间管理人员的短期职工薪酬属于间接费用,应借记"制造费用"科目,贷记"应付职工薪酬"科目。

当企业采用计件工资制时,生产工人的短期职工薪酬属于直接费用,应直接计入有关产品的成本。当企业采用计时工资制时,对于只生产一种产品的生产工人的短期职工薪酬也属于直接费用,应直接计入产品成本;对于同时生产多种产品的生产工人的短期职工薪酬,则需采用一定的分配标准(实际生产工时或定额生产工时等)分配计入产品成本。

(2)应由在建工程、无形资产负担的短期职工薪酬,计入建造固定资产或无形资产成本。

(3)除上述两种情况之外的其他短期职工薪酬应计入当期损

益。如企业行政管理部门人员和专设销售机构销售人员的短期职工薪酬均属于期间费用,应分别借记"管理费用""销售费用"等科目,贷记"应付职工薪酬"科目。

【经典例题·多选】计提应付职工薪酬时,借方可能涉及的科目有( )。

A. 制造费用   B. 销售费用
C. 在建工程   D. 应付职工薪酬

【答案】ABC

【解析】计提职工薪酬应该计入"应付职工薪酬"的贷方,所以不能选 D。

3. 制造费用的归集与分配

企业发生的制造费用,应当按照合理的分配标准按月分配计入各成本核算对象的生产成本。企业可以采取的分配标准包括机器工时、人工工时、计划分配率等。

企业发生制造费用时,借记"制造费用"科目,贷记"累计折旧""银行存款""应付职工薪酬"等科目;结转或分摊时,借记"生产成本"等科目,贷记"制造费用"科目。

4. 完工产品生产成本的计算与结转

产品生产成本计算是指将企业生产过程中为制造产品所发生的各种费用按照成本计算对象进行归集和分配,以便计算各种产品的总成本和单位成本。有关产品成本信息是进行库存商品计价和确定销售成本的依据,产品生产成本计算是会计核算的一项重要内容。

企业应设置产品生产成本明细账,用来归集应计入各种产品的生产费用。通过对材料费用、职工薪酬和制造费用的归集和分配,企业各月生产产品所发生的生产费用已计入"生产成本"科目中。

如果月末某种产品全部完工,该种产品生产成本明细账所归集的费用总额,就是该种完工产品的总成本,用完工产品总成本除以该种产品的完工总产量即可计算出该种产品的单位成本。如果月末某种产品全部未完工，该种产品生产成本明细账所归集的费用总额就是该种产品在产品的总成本。

如果月末某种产品一部分完工，一部分未完工，这时归集在产品成本明细账中的费用总额还要采取适当的分配方法在完工产品和在产品之间进行分配，然后才能计算出完工产品的总成本和单位成本。完工产品成本的基本计算公式为：

完工产品生产成本＝期初在产品成本＋本期发生的生产费用－期末在产品成本

当产品生产完成并验收入库时，借记"库存商品"科目，贷记"生产成本"科目。

第六节 销售业务的账务处理

销售业务的账务处理涉及商品销售、其他销售等业务收入、成本、费用和相关税费的确认与计量等内容。

一、商品销售收入的确认与计量

企业销售商品收入的确认，必须同时符合以下条件：（1）企业已将商品所有权上的主要风险和报酬转移给购货方；（2）企业既没有保留通常与商品所有权相联系的继续管理权，也没有对已售出的商品实施控制；（3）收入的金额能够可靠地计量；（4）相关的经济利益很可能流入企业；（5）相关的已发生或将发生的成本能够可靠地计量。

二、账户设置

企业通常设置以下账户对销售业务进行会计核算：

1．"主营业务收入"账户

"主营业务收入"账户属于损益类账户，用以核算企业确认的销售商品、提供劳务等主营业务的收入。

该账户贷方登记企业实现的主营业务收入，即主营业务收入的增加额；借方登记期末转入"本年利润"账户的主营业务收入（按净额结转），以及发生销售退回和销售折让时应冲减本期的主营业务收入。期末结转后，该账户无余额。

该账户应按照主营业务的种类设置明细账户，进行明细分类核算。

2．"其他业务收入"账户

"其他业务收入"账户属于损益类账户，用以核算企业确认的除主营业务活动以外的其他经营活动实现的收入，包括出租固定资产、出租无形资产、出租包装物和商品、销售材料等。

该账户贷方登记企业实现的其他业务收入，即其他业务收入的增加额；借方登记期末转入"本年利润"账户的其他业务收入。期末结转后，该账户无余额。

该账户可按其他业务的种类设置明细账户，进行明细分类核算。

3．"应收账款"账户

"应收账款"账户属于资产类账户，用以核算企业因销售商品、提供劳务等经营活动应收取的款项。

该账户借方登记由于销售商品以及提供劳务等发生的应收账款，包括应收取的价款、税款和代垫款等；贷方登记已经收回的应收账款。期末余额通常在借方，反映企业尚未收回的应收账款；期末余额如果在贷方，反映企业预收的账款。

该账户应按不同的债务人进行明细分类核算。

4．"应收票据"账户

"应收票据"账户属于资产类账户，用以核算企业因销售商品、提供劳务等而收到的商业汇票。

该账户借方登记企业收到的应收票据，贷方登记票据到期收回的应收票据；期末余额在借方，反映企业持有的商业汇票的票面金额。

该账户可按开出、承兑商业汇票的单位进行明细核算。

5."预收账款"账户

"预收账款"账户属于负债类账户，用以核算企业按照合同规定预收的款项。预收账款情况不多的，也可以不设置本账户，将预收的款项直接计入"应收账款"账户。

该账户贷方登记企业向购货单位预收的款项等，借方登记销售实现时按实现的收入转销的预收款项等。期末余额在贷方，反映企业预收的款项；期末余额在借方，反映企业已转销但尚未收取的款项。

该账户可按购货单位进行明细核算。

6."主营业务成本"账户

"主营业务成本"账户属于损益类账户，用以核算企业确认销售商品、提供劳务等主营业务收入时应结转的成本。

该账户借方登记主营业务发生的实际成本，贷方登记期末转入"本年利润"账户的主营业务成本。期末结转后，该账户无余额。

该账户可按主营业务的种类设置明细账户，进行明细分类核算。

7."其他业务成本"账户

"其他业务成本"账户属于损益类账户，用以核算企业确认的除主营业务活动以外的其他经营活动所发生的支出，包括销售材料的成本、出租固定资产的折旧额、出租无形资产的摊销额、出租包装物的成本或摊销额等。

该账户借方登记其他业务的支出额，贷方登记期末转入"本年利润"账户的其他业务支出额。期末结转后，该账户无余额。

该账户可按其他业务的种类设置明细账户，进行明细分类核算。

8. "营业税金及附加"账户

"营业税金及附加"账户属于损益类账户，用以核算企业经营活动发生的营业税、消费税、城市维护建设税、资源税和教育费附加等相关税费。需注意的是，房产税、车船使用税、土地使用税、印花税通过"管理费用"账户核算，但与投资性房地产相关的房产税、土地使用税通过该账户核算。

该账户借方登记企业应按规定计算确定的与经营活动相关的税费，贷方登记期末转入"本年利润"账户的与经营活动相关的税费。期末结转后，该账户无余额。

三、账务处理

1. 主营业务收入的账务处理

企业销售商品或提供劳务实现的收入，应按实际收到、应收或者预收的金额，借记"银行存款""应收账款""应收票据""预收账款"等科目，按确认的营业收入，贷记"主营业务收入"科目。

对于增值税销项税额，一般纳税人应贷记"应交税费——应交增值税（销项税额）"科目；小规模纳税人应贷记"应交税费——应交增值税"科目。

2. 主营业务成本的账务处理

期（月）末，企业应根据本期（月）销售各种商品、提供各种劳务等实际成本，计算应结转的主营业务成本，借记"主营业务成本"科目，贷记"库存商品""劳务成本"等科目。

采用计划成本或售价核算库存商品的，平时的营业成本按计划成本或售价结转，月末，还应结转本月销售商品应分摊的产品成本差异或商品进销差价。

3. 其他业务收入与成本的账务处理

主营业务和其他业务的划分并不是绝对的，一个企业的主营业务可能是另一个企业的其他业务,即便在同一个企业,不同期间的主营业务和其他业务的内容也不是固定不变的。

当企业发生其他业务收入时,借记"银行存款""应收账款""应收票据"等科目,按确定的收入金额,贷记"其他业务收入"科目,同时确认有关税金;在结转其他业务收入的同一会计期间,企业应根据本期应结转的其他业务成本金额,借记"其他业务成本"科目,贷记"原材料""累计折旧""应付职工薪酬"等科目。

第七节 期间费用的账务处理

一、期间费用的构成

期间费用是指企业日常活动中不能直接归属于某个特定成本核算对象的,在发生时应直接计入当期损益的各种费用。期间费用包括管理费用、销售费用和财务费用。

管理费用是指企业为组织和管理企业生产经营活动所发生的各种费用。

销售费用是指企业销售商品和材料、提供劳务的过程中发生的各种费用。

财务费用是指企业为筹集生产经营所需资金等而发生的筹资费用。

二、账户设置

企业通常设置以下账户对期间费用业务进行会计核算:

1."管理费用"账户

"管理费用"账户属于损益类账户,用以核算企业为组织和管理企业生产经营所发生的管理费用。

该账户借方登记发生的各项管理费用,贷方登记期末转入"本年利润"账户的管理费用额。期末结转后,该账户无余额。

该账户可按费用项目设置明细账户,进行明细分类核算。

2."销售费用"账户

"销售费用"账户属于损益类账户,用以核算企业发生的各项销售费用。

该账户借方登记发生的各项销售费用,贷方登记期末转入"本年利润"账户的销售费用额。期末结转后,该账户无余额。

该账户可按费用项目设置明细账户,进行明细分类核算。

3."财务费用"账户

"财务费用"账户属于损益类账户,用以核算企业为筹集生产经营所需资金等而发生的筹资费用,包括利息支出(减利息收入)、汇兑损益以及相关的手续费、企业发生的现金折扣或收到的现金折扣等。为购建或生产满足资本化条件的资产发生的应予资本化的借款费用,通过"在建工程""制造费用"等账户核算。

该账户借方登记手续费、利息费用等的增加额,贷方登记应冲减财务费用的利息收入等。期末结转后,该账户无余额。

该账户可按费用项目进行明细核算。

【经典例题·多选】"财务费用"账户的贷方登记(   )。

A. 期末结转"本年利润"的本期各项筹资费用

B. 汇兑收益

C. 应冲减财务费用的利息收入

D. 发行股票溢价收入

【答案】ABC

【解析】D项计入资本公积。

三、账务处理

1. 管理费用的账务处理

企业在筹建期间内发生的开办费,包括人员工资、办公费、培训费、差旅费、印刷费、注册登记费以及不计入固定资产成本的借款费用等在实际发生时，借记"管理费用"科目，贷记"应付利息""银行存款"等科目。

行政管理部门人员的职工薪酬，借记"管理费用"科目，贷记"应付职工薪酬"科目。

行政管理部门计提的固定资产折旧，借记"管理费用"科目，贷记"累计折旧"科目。

行政管理部门发生的办公费、水电费、业务招待费、聘请中介机构费、咨询费、诉讼费、技术转让费、企业研究费用，借记"管理费用"科目，贷记"银行存款""研发支出"等科目。

【经典例题·单选】下列应列为管理费用处理的是（　　）。

A. 自然灾害造成的流动资产净损失

B. 筹建期间发生的开办费

C. 预提产品质量保证费用

D. 计提的坏账准备

【答案】B

【解析】自然灾害造成的流动资产净损失计入"营业外支出"；预提产品质量保证费用计入"销售费用"；计提的坏账准备计入"资产减值损失"。

2. 销售费用的账务处理

企业在销售商品过程中发生的包装费、保险费、展览费和广告费、运输费、装卸费等费用，借记"销售费用"科目，贷记"库存现金""银行存款"等科目。

企业发生的为销售本企业商品而专设的销售机构的职工薪酬、业务费等费用，借记"销售费用"科目，贷记"应付职工薪酬""银行存款""累计折旧"等科目。

3. 财务费用的账务处理

企业发生的财务费用，借记"财务费用"科目，贷记"银行存款""应付利息"等科目。发生的应冲减财务费用的利息收入、汇兑损益、现金折扣,借记"银行存款""应付账款"等科目,贷记"财务费用"科目。

第八节 利润形成与分配业务的账务处理

一、利润形成的账务处理

(一)利润的形成

利润是指企业在一定会计期间的经营成果,包括收入减去费用后的净额、直接计入当期损益的利得和损失等。利润由营业利润、利润总额和净利润三个层次构成。

1．营业利润

营业利润这一指标能够比较恰当地反映企业管理者的经营业绩,其计算公式如下:

营业利润=营业收入－营业成本－营业税金及附加－销售费用－管理费用－财务费用－资产减值损失+公允价值变动收益(－公允价值变动损失)+投资收益(－投资损失)

其中,营业收入=主营业务收入+其他业务收入

营业成本=主营业务成本+其他业务成本

【经典例题·单选】甲企业本期主营业务收入为500万元,主营业务成本为300万元,其他业务收入为200万元,其他业务成本为100万元,销售费用为15万元,资产减值损失为45万元,公允价值变动收益为60万元,投资收益为20万元,假定不考虑其他因素,该企业本期营业利润为(　　)万元。

A．300　　　　B．320　　　　C．365　　　　D．380

【答案】B

【解析】营业利润=营业收入－营业成本－营业税金及附加－销售费用－管理费用－财务费用－资产减值损失+公允价值变动收

益（-公允价值变动损失）+投资收益（-投资损失）

其中，营业收入=主营业务收入+其他业务收入

营业成本=主营业务成本+其他业务成本

因此，本期营业利润=500+200-300-100-15-45+60+20=320（万元）。

2．利润总额

利润总额，又称税前利润，是营业利润加上营业外收入减去营业外支出后的金额，其计算公式如下：

利润总额=营业利润+营业外收入-营业外支出

【经典例题·单选】某公司1月份利润表"本期金额"栏有关数字如下：营业利润41 000元，营业外收入7 500元，营业外支出30 000元。该公司1月份利润总额为（　　）元。

A．4 000　　　B．-22 000　　　C．22 000　　　D．18 500

【答案】D

【解析】利润总额=41 000+7 500-30 000=18 500（元）。

3．净利润

净利润，又称税后利润，是利润总额扣除所得税费用后的净额，其计算公式如下：

净利润=利润总额-所得税费用

（二）账户设置

企业通常设置以下账户对利润形成业务进行会计核算：

1．"本年利润"账户

"本年利润"账户属于所有者权益类账户，用以核算企业当期实现的净利润（或发生的净亏损）。企业期（月）末结转利润时，应将各损益类账户的金额转入本账户，结平各损益类账户。

该账户贷方登记企业期（月）末转入的主营业务收入、其他业务收入、营业外收入和投资收益等；借方登记企业期（月）末转入

的主营业务成本、营业税金及附加、其他业务成本、管理费用、财务费用、销售费用、营业外支出、投资损失和所得税费用等。上述结转完成后，余额如在贷方，即为当期实现的净利润；余额如在借方，即为当期发生的净亏损。年度终了，应将本年收入和支出相抵后结出的本年实现的净利润（或发生的净亏损），转入"利润分配——未分配利润"账户贷方（或借方），结转后本账户无余额。

2．"投资收益"账户

"投资收益"账户属于损益类账户，用以核算企业确认的投资收益或投资损失。

该账户贷方登记实现的投资收益和期末转入"本年利润"账户的投资净损失；借方登记发生的投资损失和期末转入"本年利润"账户的投资净收益。期末结转后，该账户无余额。

该账户可按投资项目设置明细账户，进行明细分类核算。

3．"营业外收入"账户

"营业外收入"账户属于损益类账户，用以核算企业发生的各项营业外收入，主要包括非流动资产处置利得、非货币性资产交换利得、债务重组利得、政府补助、盘盈利得、捐赠利得等。

该账户贷方登记营业外收入的实现，即营业外收入的增加额；借方登记会计期末转入"本年利润"账户的营业外收入额。期末结转后，该账户无余额。

该账户可按营业外收入项目设置明细账户，进行明细分类核算。

【经典例题·单选】下列各项业务中，不应通过"营业外收入"科目核算的有（　　）。

A．存货盘盈　　　　　　　　B．转让无形资产的收入
C．接受现金捐赠　　　　　　D．固定资产报废净收益

【答案】A

【解析】营业外收入主要包括非流动资产处置利得、政府补助、盘盈利得、捐赠利得等。存货盘盈时冲减管理费用。

4."营业外支出"账户

"营业外支出"账户属于损益类账户，用以核算企业发生的各项营业外支出，包括非流动资产处置损失、非货币性资产交换损失、债务重组损失、公益性捐赠支出、非常损失、盘亏损失等。

该账户借方登记营业外支出的发生，即营业外支出的增加额；贷方登记期末转入"本年利润"账户的营业外支出额。期末结转后，该账户无余额。

该账户可按支出项目设置明细账户，进行明细分类核算。

【经典例题·多选】下列科目中，通过"营业外支出"科目核算的是（　　）。

A．计提的存货跌价损失　　B．出售无形资产净损失
C．债务重组损失　　　　　D．非常损失

【答案】BCD

【解析】本题考核营业外支出科目核算的内容。计提的存货跌价损失应该计入资产减值损失。

5."所得税费用"账户

"所得税费用"账户属于损益类账户，用以核算企业确认的应从当期利润总额中扣除的所得税费用。

该账户借方登记企业应计入当期损益的所得税；贷方登记企业期末转入"本年利润"账户的所得税。期末结转后，该账户无余额。

（三）账务处理

会计期末（月末或年末）结转各项收入时，借记"主营业务收入""其他业务收入""营业外收入"等科目，贷记"本年利润"科目；结转各项支出时，借记"本年利润"科目，贷记"主营业

务成本""营业税金及附加""其他业务成本""管理费用""财务费用""销售费用""资产减值损失""营业外支出""所得税费用"等科目。

二、利润分配的账务处理

利润分配是指企业根据国家有关规定和企业章程、投资者协议等,对企业当年可供分配利润指定其特定用途和分配给投资者的行为。利润分配的过程和结果不仅关系到每个股东的合法权益是否得到保障,而且还关系到企业的未来发展。

(一)利润分配的顺序

企业向投资者分配利润,应按一定的顺序进行。按照我国《公司法》的有关规定,利润分配应按下列顺序进行:

1. 计算可供分配的利润

企业在利润分配前,应根据本年净利润(或亏损)与年初未分配利润(或亏损)、其他转入的金额(如盈余公积弥补的亏损)等项目,计算可供分配的利润,即:

可供分配的利润 = 净利润(或亏损)+ 年初未分配利润 – 弥补以前年度的亏损 + 其他转入的金额

如果可供分配的利润为负数(即累计亏损),则不能进行后续分配;如果可供分配利润为正数(即累计盈利),则可进行后续分配。

2. 提取法定盈余公积

按照《公司法》的有关规定,公司应当按照当年净利润(抵减年初累计亏损后)的 10% 提取法定盈余公积,提取的法定盈余公积累计额超过注册资本 50% 以上的,可以不再提取。

3. 提取任意盈余公积

公司提取法定盈余公积后,经股东会或者股东大会决议,还可以从净利润中提取任意盈余公积。

4. 向投资者分配利润（或股利）

企业可供分配的利润扣除提取的盈余公积后，形成可供投资者分配的利润，即：

可供投资者分配的利润 = 可供分配的利润 - 提取的盈余公积

企业可采用现金股利、股票股利和财产股利等形式向投资者分配利润（或股利）。

(二) 账户设置

企业通常设置以下账户对利润分配业务进行会计核算：

1. "利润分配" 账户

"利润分配" 账户属于所有者权益类账户，用以核算企业利润的分配（或亏损的弥补）和历年分配（或弥补）后的余额。

该账户借方登记实际分配的利润额，包括提取的盈余公积和分配给投资者的利润，以及年末从"本年利润"账户转入的全年发生的净亏损；贷方登记用盈余公积弥补的亏损额等其他转入数，以及年末从"本年利润"账户转入的全年实现的净利润。年末，应将"利润分配"账户下的其他明细账户的余额转入"未分配利润"明细账户，结转后，除"未分配利润"明细账户可能有余额外，其他各个明细账户均无余额。"未分配利润"明细账户的贷方余额为历年累积的未分配利润（即可供以后年度分配的利润），借方余额为历年累积的未弥补亏损（即留待以后年度弥补的亏损）。

该账户应当分别对"提取法定盈余公积""提取任意盈余公积""应付现金股利或利润""转作股本的股利""盈余公积补亏"和"未分配利润"等进行明细核算。

2. "盈余公积" 账户

"盈余公积" 账户属于所有者权益类账户，用以核算企业从净利润中提取的盈余公积。

该账户贷方登记提取的盈余公积，即盈余公积的增加额，借方登记实际使用的盈余公积,即盈余公积的减少额。期末余额在贷方,反映企业结余的盈余公积。该账户应当分别"法定盈余公积""任意盈余公积"进行明细核算。

3."应付股利"账户

"应付股利"账户属于负债类账户,用以核算企业分配的现金股利或利润。

该账户贷方登记应付给投资者股利或利润的增加额;借方登记实际支付给投资者的股利或利润,即应付股利的减少额。期末余额在贷方,反映企业应付未付的现金股利或利润。

该账户可按投资者进行明细核算。

(三)账务处理

1．净利润转入利润分配

会计期末,企业应将当年实现的净利润转入"利润分配——未分配利润"科目,即借记"本年利润"科目,贷记"利润分配——未分配利润"科目,如为净亏损,则作相反会计分录。

结转前,如果"利润分配——未分配利润"明细科目的余额在借方,上述结转当年所实现净利润的分录同时反映了当年实现的净利润自动弥补以前年度亏损的情况。因此,在用当年实现的净利润弥补以前年度亏损时,不需另行编制会计分录。

2．提取盈余公积

企业提取的法定盈余公积,借记"利润分配——提取法定盈余公积"科目,贷记"盈余公积——法定盈余公积"科目;提取的任意盈余公积,借记"利润分配——提取任意盈余公积"科目,贷记"盈余公积——任意盈余公积"科目。

3．向投资者分配利润或股利

企业根据股东大会或类似机构审议批准的利润分配方案,按应支付的现金股利或利润,借记"利润分配——应付现金股利"科目,贷记"应付股利"等科目;以股票股利转作股本的金额,借记"利润分配——转作股本股利"科目,贷记"股本"等科目。

董事会或类似机构通过的利润分配方案中拟分配的现金股利或利润,不做账务处理,但应在附注中披露。

4.盈余公积补亏

企业发生的亏损,除用当年实现的净利润弥补外,还可使用累积的盈余公积弥补。以盈余公积弥补亏损时,借记"盈余公积"科目,贷记"利润分配——盈余公积补亏"科目。

5.企业未分配利润的形成

年度终了,企业应将"利润分配"科目所属其他明细科目的余额转入该科目"未分配利润"明细科目,即借记"利润分配——未分配利润""利润分配——盈余公积补亏"等科目,贷记"利润分配——提取法定盈余公积""利润分配——提取任意盈余公积""利润分配——应付现金股利""利润分配——转作股本股利"等科目。

结转后,"利润分配"科目中除"未分配利润"明细科目外,所属其他明细科目无余额。"未分配利润"明细科目的贷方余额表示累积未分配的利润,该科目如果出现借方余额,则表示累积未弥补的亏损。

【经典例题·单选】企业利润分配的对象是(   )。

A.利润总额　　　　　　B.税前利润

C.计税利润　　　　　　D.净利润

【答案】D

【解析】利润分配的对象是净利润(即税后利润)。

【题库·同步强化练习】

一、单项选择题(每题的备选项中,只有一个符合题意的正确答案。多选、错选、不选均不得分)

1.(   )是指企业收到投资者投入资本超过其所占注册资本

份额的金额,以及直接计入所有者权益的利得或损失。

A. 实收资本　　　　　　　B. 资本公积

C. 盈余公积　　　　　　　D. 未分配利润

2. 企业购入材料5 000元（不考虑增值税），以银行存款支付4 000元，余额未付，材料已入库。这一经济业务不涉及的科目是（　　）。

A. 原材料　　　　　　　　B. 应收账款

C. 应付账款　　　　　　　D. 银行存款

3. 下列固定资产中，本月应计提折旧的是（　　）。

A. 本月季节性停用的设备

B. 当月购入的设备

C. 未提足折旧上月提前报废的设备

D. 已提足折旧继续使用的设备

4. 下列固定资产折旧方法中，初期不需要考虑固定资产净残值的方法是（　　）。

A. 工作量法　　　　　　　B. 平均年限法

C. 双倍余额递减法　　　　D. 年数总和法

5. 某一般纳税人企业于2014年1月15日购入一台不需要安装的生产用设备，设备的买价为10 000元，增值税为1 700元，采购过程中发生运费、保险费500元，采购人员差旅费900元。设备预计可以使用10年，预计净残值为0，采用年限平均法计提折旧。2014年应该计提的折旧为（　　）元。

A. 1 050　　B. 962.5　　C. 1 045　　D. 1 100

6. 对于本月新购入的固定资产下列说法正确的是（　　）。

A. 当月开始计提折旧　　　B. 下月开始计提折旧

C. 下年开始计提折旧　　　D. 不计提折旧

7. 下列能在"固定资产"账户核算的有（　　）。

A. 购入正在安装的设备 B. 经营性租入的设备
C. 融资租入的正在安装的设备 D. 购入的不需安装的设备

8. 车间管理人员的工资，应先计入（ ），然后再按一定的分配方法分配到产品成本中去。

A. "制造费用"的借方 B. "管理费用"的贷方
C. "销售费用"的借方 D. "销售费用"的贷方

9. 某企业3月份发生的费用有：计提车间用固定资产折旧10万元，发生车间管理人员工资40万元，支付广告费用30万元，计提短期借款利息20万元，支付劳动保险费10万元。则该企业当期的期间费用总额为（ ）万元。

A. 50 B. 60 C. 100 D. 110

10. 下列各项中，不属于职工薪酬内容的是（ ）。

A. 住房公积金

B. 工会经费和职工教育经费

C. 职工因公出差的差旅费

D. 因解除与职工的劳动关系给予的补偿

11. A公司年初累计亏损20万元，当年实现净利润100万元，则提取公积金的基数为（ ）万元。

A. 80 B. 90 C. 100 D. 120

12. 下列（ ）费用发生时，不能直接计入生产成本账户。

A. 生产工人工资 B. 产品耗用的材料
C. 生产部门固定资产的折旧费 D. 生产工人的福利费

13. 关于制造费用，下列说法不正确的是（ ）。

A. 该账户的借方归集生产过程中发生的全部间接费用

B. 分配给某个产品的制造费用从贷方转出

C. 本账户期末无余额

D. 本账户应按不同的车间、部门设置明细账

14. 分配车间直接参加产品生产的工人的职工薪酬时，应借记的账户是（　　）。

　　A. 生产成本　　　　　　　　B. 制造费用

　　C. 管理费用　　　　　　　　D. 应付职工薪酬

15. 2月28日，甲公司应支付其销售部职工工资200 000元，社会保险40 000元，下列会计分录正确的是（　　）。

　　A. 借：管理费用　　240 000

　　　　　　贷：应付职工薪酬——工资　　200 000

　　　　　　　　　　　　　　——社会保险　　40 000

　　B. 借：销售费用　　240 000

　　　　　　贷：应付职工薪酬——工资　　200 000

　　　　　　　　　　　　　　——职工福利　　40 000

　　C. 借：销售费用　　240 000

　　　　　　贷：应付职工薪酬——工资　　200 000

　　　　　　　　　　　　　　——社会保险费　　40 000

　　D. 借：制造费用　　240 000

　　　　　　贷：应付职工薪酬——工资　　200 000

　　　　　　　　　　　　　　——职工福利　　40 000

16. 企业为制造一定种类和一定数量的产品所支付的各项费用的总和，称为（　　）。

　　A. 生产费用　　　　　　　　B. 期间费用

　　C. 制造费用　　　　　　　　D. 产品成本

17. 关于制造费用的账户，下列说法不正确的是（　　）。

　　A. 该账户的借方归集生产过程中发生的全部间接费用

　　B. 分配给某个产品的制造费用从贷方转出

　　C. 本账户期末无余额

　　D. 本账户应按不同的车间、部门设置明细账

18. 下列项目中，不应计入"财务费用"账户的是（ ）。
    A. 利息支出   B. 汇兑损失
    C. 支付金融机构手续费   D. 财务会计人员工资

19. 企业在销售过程中代垫的运杂费应计入（ ）账户。
    A. 管理费用   B. 应收账款
    C. 销售费用   D. 材料采购

20. 企业委托其他单位代销产品，按代销合同规定支付的代销手续费应计入（ ）科目。
    A. 管理费用   B. 财务费用
    C. 制造费用   D. 销售费用

21. 用库存现金支付水电费，这笔业务涉及库存现金账户和（ ）账户。
    A. 银行存款   B. 水电费
    C. 管理费用   D. 财务费用

22. 甲企业对乙企业进行投资，甲投入120 000万元拥有乙企业10%的股权，乙企业的注册资本为1 000 000万元，则计入资本公积账户的金额为（ ）万元。
    A. 120 000   B. 20 000   C. 100 000   D. 2 000

23. （ ）不计提折旧。
    A. 经营租入的固定资产
    B. 经营租出的固定资产
    C. 融资租入的固定资产
    D. 季节性停用和大修理停用的设备

24. 应付职工薪酬——福利费的贷方登记（ ）。
    A. 职工福利费的使用数   B. 职工福利费的提取数
    C. 职工福利费的结存数   D. 职工福利费的超支数

25. 某记账凭证的借方科目为本年利润，贷方科目为管理费用，则（　　）。

A. 应附有费用发票　　　　　B. 应附有费用支付单

C. 应附有费用分配单　　　　D. 不需附原始凭证

26. 下列关于本年利润账户的表述中，正确的是（　　）。

A. 借方登记转入的营业收入、营业外收入等金额

B. 贷方登记转入的营业成本、营业支出等金额

C. 年度终了结账后，该账户无余额

D. 全年的任何一个月末都不应有余额

27. 不影响本期营业利润计算的项目是（　　）。

A. 主营业务成本　　　　　　B. 管理费用

C. 营业外收入　　　　　　　D. 资产减值损失

28. 年末时，将本年利润账户的贷方余额转入利润分配账户的贷方，该结转数是企业（　　）。

A. 实现的利润总额　　　　　B. 实现的营业利润

C. 实现的税后净利　　　　　D. 实现的主营业务利润

29. 期末时，应将其余额转入"本年利润"账户的是（　　）账户。

A. "生产成本"　　　　　　　B. "主营业务成本"

C. "库存商品"　　　　　　　D. "自制半成品"

30. 根据《企业会计制度》的规定，企业支付的罚款支出应当计入（　　）。

A. 财务费用　　　　　　　　B. 其他营业支出

C. 营业外支出　　　　　　　D. 销售费用

二、多项选择题（每题的备选项中，有两个或两个以上符合题意的正确答案。多选、错选、少选不得分）

1. 所有者投入资本按照投资主体的不同分为（　　）。

A. 国家资本金 B. 法人资本金
C. 个人资本金 D. 外商资本金

2. 下列业务中会导致实收资本增加的是（　　）。

A. 资本公积转增资本
B. 盈余公积转增资本
C. 计提盈余公积
D. 企业按照法定程序减少注册资本

3. 企业采用计划成本法核算，结转入库材料成本的节约差异时，应（　　）。

A. 借记"材料采购" B. 贷记"材料成本差异"
C. 借记"材料成本差异" D. 贷记"材料采购"

4. 计提长期借款计息的账务处理中，借方可能涉及的账户有（　　）。

A. 管理费用 B. 财务费用
C. 在建工程 D. 长期借款

5. 企业对存货采用计划成本法核算时，需要设置的科目有（　　）。

A. 原材料 B. 材料成本差异
C. 材料采购 D. 在途物资

6. 固定资产的后续支出可以计入（　　）。

A. 管理费用 B. 制造费用
C. 销售费用 D. 在建工程

7. 按照现行会计制度的规定，企业可以采用的固定资产折旧方法有（　　）。

A. 工作量法 B. 年限平均法
C. 年数总和法 D. 双倍余额递减法

8. 下列各项中，属于期末应计提折旧的固定资产有（　　）。

A. 处于修理过程而停止使用的固定资产

B. 处于更新改造过程而停止使用的固定资产

C. 提前报废的固定资产

D. 当月减少的固定资产

9. 企业月末结转本月制造费用 27 800 元，根据甲、乙产品的生产工时比例分配制造费用，甲、乙产品的生产工时分别为 30 000 小时和 20 000 小时，应编制会计分录（　　）。

  A. 借：生产成本——甲产品　16 680
      贷：制造费用　16 680

  B. 借：生产成本——甲产品　11 120
      贷：制造费用　11 120

  C. 借：生产成本——乙产品　11 120
      贷：制造费用　11 120

  D. 借：生产成本——乙产品　16 680
      贷：制造费用　16 680

10. 制造费用是指为生产产品和提供劳务所发生的各项间接费用，包括（　　）。

  A. 生产车间管理人员的工资和福利费

  B. 生产车间固定资产折旧费

  C. 生产车间的办公费

  D. 行政管理部门的水电费

11. 为了核算企业利润分配的过程、去向和结果，企业应设置的科目有（　　）。

  A. 利润分配　　　　　　　B. 管理费用

  C. 盈余公积　　　　　　　D. 应付股利

12. 计提固定资产折旧时，借方可能计入的是（　　）账户。

  A. 制造费用　　　　　　　B. 管理费用

C. 销售费用　　　　　　　　D. 其他业务成本

13. 下列固定资产的折旧方法中，属于加速折旧的有（　　）。

A. 平均年限法　　　　　　　B. 双倍余额递减法

C. 工作量法　　　　　　　　D. 年数总额法

14. 企业计算固定资产折旧的主要依据有（　　）。

A. 固定资产的使用年限　　　B. 固定资产的原值

C. 固定资产的预计净残值　　D. 固定资产的实际净残值

15. 甲公司于 2014 年 2 月 18 日向乙公司订购原材料 100 吨，货款为 585 000 元（含增值税 85 000 元），按合同规定甲公司当日向乙公司预付 200 000 元货款，2014 年 2 月 18 日甲公司会计处理错误的有（　　）。

A. 借：预付账款　　200 000
　　贷：银行存款　　200 000

B. 借：原材料　　585 000
　　　应交税费——应交增值税（进项税额）　　85 000
　　贷：银行存款　　585 000

C. 借：原材料　　585 000
　　贷：银行存款　　200 000
　　　　应付账款　　385 000

D. 借：原材料　　200 000
　　贷：银行存款　　200 000

16. 甲公司于 2013 年 10 月 8 日销售 A 商品给乙公司，售价为 18 000 元，商品已发出，货款未收到。2013 年 10 月 31 日，甲公司对该笔应收账款进行减值测试，确认未来现金流量的现值为 12 000 元。该公司此前未对该账款计提坏账准备，则下列会计处理错误的是（　　）。

A. 借：管理费用　　6 000

　　　　贷：坏账准备　　　6 000
　　B. 借：资产减值损失——计提的坏账准备　6 000
　　　　贷：应收账款　　　6 000
　　C. 借：资产减值损失——计提的坏账准备　12 000
　　　　贷：坏账准备　　　12 000
　　D. 借：资产减值损失——计提的坏账准备　6 000
　　　　贷：坏账准备　　　6 000

17. 下列关于应付职工薪酬的相关表述，正确的是（　　）。

　　A. 职工薪酬包括企业在职工在职期间和离职后给予的所有货币性薪酬和非货币性福利

　　B. 企业应当在职工为其提供服务的会计期间，将应付的职工薪酬确认为负债

　　C. 企业在研发阶段发生的职工薪酬，均应当计入自行开发无形资产的成本

　　D. 以外购商品作为非货币性福利提供给职工的，应当按照该商品的公允价值和相关税费，计量应计入成本费用的职工薪酬金额

18. 营业税金及附加账户核算的税金有（　　）。

　　A. 增值税　　　　　　　　B. 消费税
　　C. 营业税　　　　　　　　D. 城市维护建设税

19. 应计入"生产成本"账户核算工资费用的是（　　）。

　　A. 基本生产车间工人的工资　　B. 辅助生产车间工人的工资
　　C. 专设销售机构人员的工资　　D. 在建工程人员的工资

20. 销售费用用于核算企业在销售商品和材料，提供劳务过程中发生的各种费用，包括（　　）。

　　A. 包装费
　　B. 展览和广告费

C. 预计产品质量保证损失

D. 为销售本企业商品而专设的销售机构的职工薪酬

21. 某企业以其自产产品发给职工作为福利的，可以借记的账户包括（ ）。

　　A. 制造费用　　　　　　　　B. 管理费用

　　C. 生产成本　　　　　　　　D. 应交税费

22. 下列关于原材料收发的科目中属于实际成本法的有（ ）。

　　A. 材料采购　　　　　　　　B. 原材料

　　C. 材料成本差异　　　　　　D. 在途物资

23. 下列关于"利润分配——未分配利润"科目的表述中，正确的有（ ）。

　　A. 未分配利润的期末贷方余额表示本年净利润减去分配的利润

　　B. 未分配利润的期末贷方余额表示累计未分配的利润

　　C. 未分配利润的期末借方余额表示本年超额分配的利润

　　D. 未分配利润的期末借方余额表示累计未弥补亏损

24. 下列各项费用中，应通过"管理费用"科目核算的有（ ）。

　　A. 诉讼费

　　B. 研究费用

　　C. 印花税

　　D. 日常经营活动聘请中介机构费

25. 企业根据职工提供服务的收益对象进行职工薪酬分配时，下列表述中，正确的有（ ）。

　　A. 属于产品生产人员的，应计入"生产成本"科目

　　B. 属于车间管理人员的，应计入"制造费用"科目

　　C. 属于销售人员的，应计入"销售费用"科目

　　D. 属于财务人员的，应计入"财务费用"科目

三、判断题（正确的请在题后括号中画"√"，错误的请在题后括号中画"×"。不判断、判断错误的均不得分）

1. 未提足折旧的提前报废的固定资产，应计提折旧。（   ）

2. 融资租入的固定资产，因所有权不属于企业，所以不计提折旧。（   ）

3. 企业以前年度亏损未弥补完，不能提取法定盈余公积和法定公益金。（   ）

4. 生产车间管理人员的职工薪酬属于管理性费用，不能计入产品成本。（   ）

5. 对于材料已收到，但月末结算凭证仍然未到的业务，不能计入"原材料"账户核算。（   ）

6. 企业的资金筹集业务按其资金来源通常分为所有者权益筹资和负债筹资。（   ）

7. 负债筹资主要包括短期借款、长期借款以及结算形成的负债等。（   ）

8. 短期借款的利息不可以预提，均应在实际支付时直接计入当期损益。（   ）

9. 材料的采购成本是指企业物资从采购到入库前发生的全部支出，包括购买价款、相关税费、运输费、装卸费、保险费以及其他可归属于采购成本的费用。（   ）

10. 生产费用是指与企业日常生产经营活动有关的费用，按其经济用途可分为直接材料、直接人工和制造费用。（   ）

11. 企业为职工缴纳的基本养老保险金、补充养老保险费，以及为职工购买的商业养老保险，均不属于企业提供的职工薪酬。（   ）

12. 管理费用是企业行政管理部门为组织和管理生产经营活动

而发生的各项费用,包括行政人员的工资和福利费、办公费、折旧费、广告宣传费、借款利息等。( )

13. 确实无法支付的应付账款,经批准后应转入资本公积。( )

14. 向投资者支付已经宣告分配的现金股利能够导致资产和负债同时减少。( )

15. 出售交易性金融资产时,应当将出售时取得的价款与其出售时账面余额之间的差额确认为当期投资收益,同时将已计入"公允价值变动损益"的金额转入到"资本公积"科目中。( )

四、计算分析题

根据下列经济业务,编制相应的会计分录。

(1) 从银行借入为期三年的基建借款 2 000 000 元,存入银行。

(2) 分配本月应付工资,其中 A 产品工人工资 12 000 元,B 产品工人工资 10 000 元,车间管理人员工资 6 000 元,厂部管理人员工资 2 000 元。

(3) 根据本月分配工资的 14% 计提福利费。

(4) 提取本月固定资产的折旧费 40 000 元,其中车间固定资产折旧费 28 000 元,厂部固定资产折旧费 12 000 元。

(5) 销售产品一批,价款 300 000 元,增值税 51 000 元,收到购货方交来的银行承兑汇票一张。

(6) 以银行存款支付希望工程捐款 4 000 元。

(7) M 公司向本企业投入一项专利权,价值 40 000 元。

(8) 签发支票,预付东方工厂货款 100 000 元。

(9) 以银行存款上交所得税 45 000 元。

(10) 期末结转所得税 45 000 元。

【参考答案及解析】

一、单项选择题（每题的备选项中，只有一个符合题意的正确答案。多选、错选、不选均不得分）

1. B 【解析】资本公积核算企业收到投资者投入资本超过其所占注册资本份额的金额，以及直接计入所有者权益的利得或损失。

2. B 【解析】本题考核原材料的日常核算。本业务应该编制会计分录为：

借：原材料　　　5 000
　　贷：应付账款　　1 000
　　　　银行存款　　4 000

3. A 【解析】季节性停用的设备，属于企业使用中的固定资产，仍然要计提折旧。当月购入的设备，当月不提折旧，自下个月开始计提折旧。已提足折旧仍继续使用的固定资产，不计提折旧。未提足折旧而提前报废的设备，由于已从企业的固定资产账户中转出，不计提折旧。

4. C 【解析】双倍余额递减法初期不考虑固定资产的残值，而是在固定资产折旧年限到期以前两年内，将固定资产净值平均摊销。

5. B 【解析】本题考核固定资产折旧额的计算。固定资产的入账价值 = 10 000 + 500 = 10 500（元），设备应该从2014年2月份开始计提折旧，当年应该计提11个月的折旧，所以2014年的折旧额 = 10 500/10 × 11/12 = 962.5（元）。

6. B 【解析】企业当月增加的固定资产，从下个月开始计提折旧，所以本题选项B正确。

7. D 【解析】购入和融资租入的正在安装的设备都应通过

"在建工程"账户核算;经营性租入的设备不属于企业的固定资产,不能在"固定资产"账户核算。

8. A 【解析】车间管理人员的工资,应先计入"制造费用"的借方,然后再按一定的分配方法分配到产品成本中去。

9. B 【解析】本题考核费用的核算。车间用固定资产折旧与车间管理人员的工资应该计入"制造费用",制造费用不属于企业的期间费用,所以不计算在内;支付广告费计入"销售费用";计提短期借款的利息计入"财务费用";支付的劳动保险费计入"管理费用"。销售费用、管理费用与财务费用属于期间费用,则该企业当期的期间费用 = 30 + 20 + 10 = 60(万元)。

10. C 【解析】职工出差发生的差旅费应直接计入当期损益,不属于企业为职工支付的薪酬。

11. A 【解析】100 - 20 = 80(万元)。

12. C 【解析】生产部门固定资产的折旧费不能直接计入生产成本账户,而应先计入制造费用账户,再转入生产成本账户。

13. C 【解析】除季节性的生产企业外,制造费用账户期末没有余额。

14. A 【解析】分配车间直接参加产品生产工人的职工薪酬时,应借记的账户是生产成本。故答案为 A。

15. C 【解析】企业为销售本企业商品而专设的销售机构的职工薪酬、业务费、应分担的折旧费等应计入销售费用,故本题正确的会计处理为:

借:销售费用　240 000

　　贷:应付职工薪酬——工资　　200 000

　　　　　　　　　　——社会保险费　40 000

正确答案选 C。

16. D 【解析】产品成本是指企业为制造一定种类和一定数

量的产品所支付的各种费用的总和。

17. C 【解析】除季节性的生产企业外，制造费用账户期末没有余额。

18. D 【解析】财务会计人员工资计入管理费用。

19. B 【解析】企业销售商品时代垫的运杂费应计入"应收账款"科目。

20. D 【解析】企业委托其他单位代销产品，按代销合同规定支付的代销手续费应计入"销售费用"账户。

21. C 【解析】根据题意，该项经济业务涉及的账户是损益类账户中的管理费用账户和资产类账户中的库存现金账户。

22. B 【解析】投资者投入的资本可能计入实收资本也可能计入资本公积，但计入资本公积的部分是超过构成实收资本的资本溢价或股本溢价。投资者投入的 120 000 元中计入实收资本的部分为 1 000 000×10% = 100 000（元），故计入资本公积的为 20 000 元。

23. A 【解析】经营租入的固定资产不计提折旧。

24. B 【解析】应付职工薪酬——福利费的贷方登记职工福利费的提取数。

25. D 【解析】某记账凭证的借方科目为本年利润，贷方科目为管理费用，记录的是结转成本费用到本年利润。不需要附原始凭证，因为原始凭证已经做过。

26. C 【解析】本年利润是所有者权益类科目。在会计核算中，将发生的各项费用和收益全部计入各有关收益、费用账户。期末，将各收益类账户的贷方余额转入本年利润账户，借记各收益账户，贷记本年利润账户；同时将各成本、费用和支出类账户的借方余额转入本年利润账户的借方：借记本年利润账户，贷记各成本、费用和支出类账户。转账后，本年利润账户如为贷方余额，反映本年度自年初开始累计发生的净利润。反之，如为借方余额，反映本年度自年初开始累计发生的净亏损。年度终了,将本年利润账户的全部累计发生额转入利润分配账户:若为贷方余额(净利润),则借记本年利润账户,贷记利润分配——未分配利润账户;若为借方余额(净亏损),借记利润分配——未分配利润账户,贷记本年利润账户。年度结账后,本年利润账户无余额。

27. C 【解析】营业利润=营业收入-营业成本-营业税金及附加-销售费用-管理费用-财务费用-资产减值损失+公允价值变动净收益(-公允价值变动净损失)+投资净收益(-投资净损失)。故营业利润的计算与营业外收入无关,答案选择C。

28. C 【解析】"本年利润"账户的余额平时不予结转,在年末,把税后利润结算出来后,转入"利润分配"账户的贷方,这里指的是盈利企业,如果企业亏损,则与此不同。

29. B 【解析】期末时各损益类账户的余额应转入"本年利润"账户,"主营业务成本"为损益类账户,故为B。

30. C 【解析】根据《企业会计制度》的规定,企业支付的罚款支出应当作为营业外支出进行核算。

二、多项选择题(每题的备选项中,有两个或两个以上符合题意的正确答案。多选、错选、少选不得分)

1. ABCD 【解析】所有者投入资本按照投资主体的不同可以分为国家资本金、法人资本金、个人资本金和外商资本金等。

2. AB 【解析】企业计提盈余公积,盈余公积会增加,但是企业的实收资本不变。企业按照法定程序减少注册资本,实收资本会减少。

3. AB 【解析】企业采用计划成本法核算,结转入库材料成本的节约差异时,应借记"材料采购",贷记"材料成本差异"。

4. ABC 【解析】长期借款计提利息时:

借：财务费用（或管理费用、在建工程）
　　　贷：应付利息

5. ABC　【解析】在途物资是实际成本法下设置的科目。

6. ACD　【解析】生产车间、企业行政管理部门等发生的固定资产修理费等后续支出，借记"管理费用"，贷记"银行存款"；企业发生的与销售机构的固定资产修理费用等后续支出，借"销售费用"，贷"银行存款"。属于可以资本化的后续支出应计入固定资产的成本中，借"在建工程"，贷"银行存款"。所以本题选项ACD均正确。

7. ABCD　【解析】固定资产折旧的计算方法主要包括四种：年限平均法（或直线法）、工作量法、双倍余额递减法和年数总和法。

8. AD　【解析】本题考核固定资产的折旧。更新改造过程中而停止使用的固定资产是转入到了在建工程中，应停止计提折旧；提前报废的固定资产不计提折旧。

9. AC　【解析】本题考核制造费用的核算。

甲产品应分配的制造费用 = 27 800 ÷ (30 000 + 20 000) × 30 000 = 16 680（元），乙产品应分配的制造费用 = 27 800 ÷ (30 000 + 20 000) × 20 000 = 1 1120（元）。

借：生产成本——甲产品　　16 680
　　　　　　　——乙产品　　11 120
　　贷：制造费用　　27 800

10. ABC　【解析】选项D应计入"管理费用"。

11. ACD　【解析】管理费用属于费用项目，与利润分配没有关系。

12. ABCD　【解析】本题的考点为固定资产计提折旧的处理。对于生产车间固定资产计提的折旧，计入"制造费用"账户；对行政管理部门固定资产计提的折旧,计入"管理费用"账户;对专设销售机构固定资产计提的折旧,计入"销售费用"账户;对经营租出的固定资产计提的折旧,计入"其他业务成本"账户。

13. BD 【解析】双倍余额递减法和年数总和法均为加速折旧法,其特点是固定资产使用前期多提折旧,后期少提折旧,能使企业在较短的时间内收回大部分固定资产投资。

14. ABC 【解析】固定资产折旧的主要依据有:计提折旧基数、固定资产折旧年限、折旧方法、固定资产预计净残值。

15. BCD 【解析】本题经济业务事项应进行如下账务处理:

借:预付账款   200 000
　　贷:银行存款   200 000

16. ABC 【解析】企业的应收账款发生减值的,借记"资产减值损失——计提的坏账准备6 000元",贷记"坏账准备6 000元"。

17. ABD 【解析】企业在研究阶段发生的职工薪酬不能计入自行研发无形资产的成本,在开发阶段发生的职工薪酬,只有符合无形资产资本化条件的,才能计入自行研发无形资产的成本。

18. BCD 【解析】增值税属于价外税,单独核算,不在营业税金及附加账户中核算,其余三种均在营业税金及附加账户中核算。

19. AB 【解析】只要是生产工人的工资,不管是基本车间还是辅助车间均应计入"生产成本",专设销售机构人员工资计入"销售费用",在建工程人员工资计入"在建工程"。

20. ABCD 【解析】"销售费用"一般包括在销售商品和材料、提供劳务过程中发生的展览费、差旅费、广告费、销售服务费、开发产品销售费用以及专设销售机构的人员工资、奖金、福利费、折旧费、物料消耗费用等。

21. ABC 【解析】企业以其自产产品发给职工作为福利的,可以借记"制造费用""管理费用"和"生产成本",但不包括应交税费。

22. BD 【解析】"材料采购""材料成本差异"属于计划成本法下使用的科目。

23. BD 【解析】企业应设置"利润分配"科目核算企业利润的分配(或亏损弥补)和历年分配(或弥补)后的余额。本账户年末余额,反映企业的未分配利润(或未弥补亏损)。年末余额在借方表示未弥补的亏损。

24. ABCD 【解析】管理费用是指企业为组织和管理生产经营活动而发生的各种管理费用,包括企业在筹建期间发生的开办费、董事会和行政管理部门在企业的经营管理中发生的或者应由企业统一负担的公司经费(包括行政管理部门职工薪酬、物料消耗、低值易耗品摊销、办公费和差旅费等)、工会经费、董事会费、聘请中介机构费、咨询费、诉讼费、业务招待费、房产税、车船税、土地使用税、印花税、转让技术费、矿产资源补偿费、研究费、排污费等。

25. ABC 【解析】财务费用是指企业为筹集生产经营所需资金等而发生的筹资费用,包括利息支出(减利息收入)、汇兑损益以及相关的手续费、企业发生的现金折扣等。该题中属于财务人员的,应计入"管理费用"科目。

三、判断题(正确的请在题后括号中画"√",错误的请在题后括号中画"×"。不判断、判断错误的均不得分)

1. × 【解析】提前报废的固定资产,不再补提折旧,其净损失计入企业的营业外支出。

2. × 【解析】融资租入的固定资产,应计提折旧。

3. √

4. ×　【解析】生产车间管理人员直接从事产品生产的管理，不同于企业行政管理人员的间接管理，因而生产车间管理人员的职工薪酬虽然属于管理性费用，但应计入产品成本，通过"制造费用"账户进行核算。

5. ×　【解析】这种情况下材料应暂估入账，仍然通过"原材料"账户进行核算。

6. √

7. √

8. ×　【解析】本题的考点为短期借款利息的核算。短期借款的利息可以预提，也可以在实际支付时直接计入当期损益。

9. √

10. √

11. ×　【解析】企业为职工缴纳的基本养老保险金、补充养老保险费，以及为职工购买的商业养老保险，均属于企业提供的职工薪酬。

12. ×　【解析】广告宣传费属于销售费用所核算的内容，借款利息属于财务费用所核算的内容。

13. ×　【解析】确实无法支付的应付账款，经批准后应转入营业外收入。

14. √

15. ×　【解析】出售交易性金融资产时，应将已计入"公允价值变动损益"的金额转入到"投资收益"科目中。

四、计算分析题

编制的会计分录如下：

（1）借：银行存款　　2 000 000

　　　　贷：长期借款　　2 000 000

(2) 借：生产成本——A 产品　　12 000
　　　　　　　　——B 产品　　10 000
　　　　制造费用　6 000
　　　　管理费用　2 000
　　　　贷：应付职工薪酬　　30 000
(3) 借：生产成本——A 产品　　1 680
　　　　　　　　——B 产品　　1 400
　　　　制造费用　840
　　　　管理费用　280
　　　　贷：应付职工薪酬　　4 200
(4) 借：制造费用　28 000
　　　　管理费用　12 000
　　　　贷：累计折旧　　40 000
(5) 借：应收票据　351 000
　　　　贷：主营业务收入　　300 000
　　　　　　应交税费——应交增值税（销项税额）　　51 000
(6) 借：营业外支出　4 000
　　　　贷：银行存款　　4 000
(7) 借：无形资产　40 000
　　　　贷：实收资本　　40 000
(8) 借：预付账款　100 000
　　　　贷：银行存款　　100 000
(9) 借：应交税费——应交所得税　　45 000
　　　　贷：银行存款　　45 000
(10) 借：本年利润　45 000
　　　　贷：所得税费用　　45 000

第六章 会计凭证

【考情分析】

本章是有实操意义的章节,学好本章节对取得从业资格后,从事会计实务工作意义重大。考试形式为无纸化考试,所以不会要求大家填制凭证,而主要以单选、多选、判断考核以下知识点:原始凭证的分类、填写、审核和审核后的处理;记账凭证的分类、适用业务、审核;会计凭证传递和保管等。学习本章应重点掌握会计凭证的概念、分类、基本内容、填制要求和审核等。

【知识结构图示】

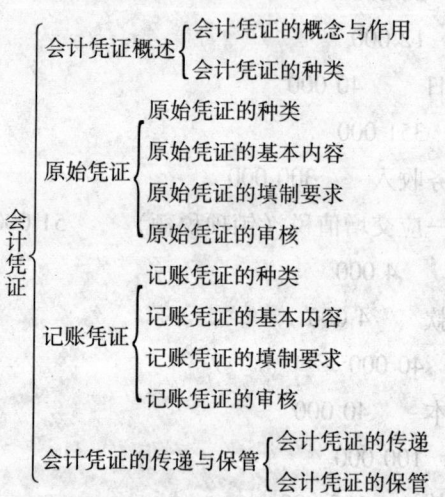

【本章知识要点】

第一节 会计凭证概述

一、会计凭证的概念与作用

1. 会计凭证的概念

会计凭证是指记录经济业务发生或者完成情况的书面证明,是登记账簿的依据。

2．会计凭证的作用

会计凭证的作用主要有：（1）记录经济业务，提供记账依据；（2）明确经济责任，强化内部控制；（3）监督经济活动，控制经济运行。

二、会计凭证的种类

会计凭证按照填制程序和用途可分为原始凭证和记账凭证。

1．原始凭证

原始凭证，又称单据，是指在经济业务发生或完成时取得或填制的，用以记录或证明经济业务的发生或完成情况的原始凭据。

2．记账凭证

记账凭证，又称记账凭单，是指会计人员根据审核无误的原始凭证，按照经济业务的内容加以归类，并据以确定会计分录后所填制的会计凭证，作为登记账簿的直接依据。

第二节　原始凭证

一、原始凭证的种类

（一）按照来源不同分类

1．外来原始凭证

外来原始凭证指在经济业务发生或完成时，从其他单位或个人直接取得的原始凭证。如供货单位开具的发票、运输部门出具的运费发票、收款单位或收款人开给的收据等。

2．自制原始凭证

自制原始凭证指由本单位内部经办业务的部门和人员，在执行或完成某项经济业务时填制的、仅供本单位内部使用的原始凭证。如收料单、领料单、限额领料单、产品入库单、产品出库单、借款单、工资发放明细表、折旧计算表、开工单、成本计算单、本单位开具的销售发票等。

【经典例题·单选】仓库保管人员填制的收料单,属于企业的( )。

A. 外来原始凭证　　　　　B. 自制原始凭证
C. 汇总原始凭证　　　　　D. 累计原始凭证

【答案】B

【解析】自制原始凭证是指由本单位有关部门和人员,在执行或完成某项经济业务时填制,仅供本单位内部使用的原始凭证。

(二)按照填制手续及内容不同分类

1．一次凭证

一次凭证指一次填制完成、只记录一笔经济业务的原始凭证。它是一次有效的凭证,即一经填写完毕就不能再次填写使用的凭证。如购货发票、销货发票、收据、领料单、借款单、银行结算凭证、收料单、工资结算单等。

2．累计凭证

累计凭证指在一定时期内多次记录发生的同类型经济业务的原始凭证。其特点是在一张凭证内可以连续登记相同性质的经济业务,随时结出累计数及结余数,并按照费用限额进行费用控制,期末按实际发生额记账。它是多次有效的原始凭证,即可多次填写使用的凭证。最常见的累计原始凭证是企业为了控制生产成本,在领用材料时填写的限额领料单。

3．汇总凭证

它也称原始凭证汇总表,指对一定时期内反映经济业务内容相同的若干张原始凭证,按照一定标准综合填制的原始凭证。如收料凭证汇总表、发料凭证汇总表、工资结算汇总表、销售日报、差旅费报销单等。

【经典例题·单选】差旅费报销单按填制的手续及内容分类,

属于原始凭证中的（　　）。

A. 一次凭证　　　　　　B. 累计凭证
C. 汇总凭证　　　　　　D. 专用凭证

【答案】C

【解析】差旅费报销单按填制的手续及内容分类，属于原始凭证中的汇总凭证。

（三）按照格式不同分类

1．通用凭证

通用凭证指由有关部门统一印制、在一定范围内使用的具有统一格式和使用方法的原始凭证。如某省（市）印制的在该省（市）通用的发货票、由中国人民银行制作的在全国通用的银行转账结算凭证、由国家税务局统一印制的全国通用的增值税专用发票等。

2．专用凭证

专用凭证指由单位自行印制、仅在本单位内部使用的原始凭证。如领料单、差旅费报销单、折旧计算表、工资费用分配表、收料单等。

【经典例题·多选】属于自制的原始凭证的有（　　）。

A. 工资计划　　　　　　B. 收料单
C. 购货发票　　　　　　D. 产品入库单

【答案】BD

【解析】工资计划不属于原始凭证，购货发票属于外来原始凭证。

二、原始凭证的基本内容

原始凭证的格式和内容因经济业务和经营管理的不同而有所差异，但应当具备以下基本内容（也称为原始凭证要素）：（1）凭证的名称；（2）填制凭证的日期；（3）填制凭证单位名称或者填制人姓名；(4)经办人员的签名或者盖章；(5)接受凭证单位名称；(6)经济业务内容；(7)数量、单价和金额。

三、原始凭证的填制要求

(一) 原始凭证填制的基本要求

(1) 记录要真实。原始凭证所填列的经济业务内容和数字，必须真实可靠，符合实际情况。

(2) 内容要完整。原始凭证所要求填列的项目必须逐项填列齐全，不得遗漏和省略。

(3) 手续要完备。单位自制的原始凭证必须有经办单位领导人或者其他指定的人员签名盖章；对外开出的原始凭证必须加盖本单位公章；从外部取得的原始凭证，必须盖有填制单位的公章；从个人取得的原始凭证，必须有填制人员的签名盖章。

(4) 书写要清楚、规范。

(5) 编号要连续。如果原始凭证已预先印定编号，在写坏作废时，应加盖"作废"戳记，妥善保管，不得撕毁。

(6) 不得涂改、刮擦、挖补。正确的处理包括：①原始凭证有错误的，应当由出具单位重开或更正，更正处应当加盖出具单位印章；②原始凭证金额有错误的，应当由出具单位重开，不得在原始凭证上更正。

(7) 填制要及时。各种原始凭证一定要及时填写，并按规定的程序及时送交会计机构、会计人员进行审核。

【经典例题·多选】对原始凭证发生的错误，正确的更正方法有(　　)。

A. 由出具单位重开或更正

B. 由本单位的会计人员代为更正

C. 金额发生错误的，可由出具单位在原始凭证上更正

D. 金额发生错误，应当由出具单位重开

【答案】AD

【解析】原始凭证有错误的，应当由出具单位重开或更正，更正处应当加盖出具单位印章；原始凭证金额有错误的，应当由出具单位重开，不得在原始凭证上更正。

（二）自制原始凭证的填制要求

不同的自制原始凭证，填制要求也有所不同。

1．一次凭证的填制

一次凭证应在经济业务发生或完成时，由相关业务人员一次填制完成。该凭证往往只能反映一项经济业务，或者同时反映若干项同一性质的经济业务。

2．累计凭证的填制

累计凭证应在每次经济业务完成后，由相关人员在同一张凭证上重复填制完成。该凭证能在一定时期内不断重复地反映同类经济业务的完成情况。

3．汇总凭证的填制

汇总凭证应由相关人员在汇总一定时期内反映同类经济业务的原始凭证后填制完成。该凭证只能将类型相同的经济业务进行汇总，不能汇总两类或两类以上的经济业务。

（三）外来原始凭证的填制要求

外来原始凭证应在企业同外单位发生经济业务时，由外单位的相关人员填制完成。外来原始凭证一般由税务局等部门统一印制，或经税务部门批准由经营单位印制，在填制时加盖出具凭证单位公章方为有效。对于一式多联的原始凭证必须用复写纸套写或打印机套打。

四、原始凭证的审核

原始凭证的审核内容主要包括：原始凭证的真实性、合法性、合规性、合理性、完整性、正确性和及时性。

【经典例题·单选】在审核原始凭证时，对于内容不完整、填制有错误或手续不完备的原始凭证，应当（　　）。

A. 拒绝办理，并向本单位负责人报告

B. 予以抵制，对经办人进行批评

C. 由会计人员重新填制或予以更正

D. 予以退回，要求更正、补充，以致重新填制

【答案】D

【解析】对于不真实、不合法的原始凭证会计人员应拒绝办理，并向本单位负责人报告；对于内容不完整、填制有错误或手续不完备的原始凭证，应当予以退回，要求更正、补充，以致重新填制。对经办人员进行批评、由会计人员重新填制或予以更正的做法均不恰当。故答案为D。

第三节　记账凭证

一、记账凭证的种类

记账凭证可按不同的标准进行分类，按照用途可分为专用记账凭证和通用记账凭证；按照填列方式可分为单式记账凭证和复式记账凭证。

（一）按凭证的用途分类

1．专用记账凭证

专用记账凭证是指分类反映经济业务的记账凭证，按其反映的经济业务内容，可分为收款凭证、付款凭证和转账凭证。

（1）收款凭证。收款凭证是指用于记录现金和银行存款收款业务的记账凭证。

（2）付款凭证。付款凭证是指用于记录现金和银行存款付款业务的记账凭证。

(3) 转账凭证。转账凭证是指用于记录不涉及现金和银行存款业务的记账凭证。

【经典例题·判断】收款凭证贷方内容可能为"库存现金"或"银行存款"。(　　)

【答案】×

【解析】收款凭证"贷方科目"填写与收入现金或银行存款相对应的会计科目，现金和银行存款之间的收付只填付款凭证。

2．通用记账凭证

通用记账凭证是指用来反映所有经济业务的记账凭证，为各类经济业务所共同使用，其格式与转账凭证基本相同。

(二) 按凭证的填列方式分类

1．复式记账凭证

是指将每一笔经济业务事项所涉及的全部会计科目及其发生额均在同一张记账凭证中反映的一种凭证。它是在实际工作中应用最普遍的记账凭证。上述收款凭证、付款凭证和转账凭证，以及通用记账凭证均为复式凭证。

【经典例题·单选】企业常用的收款凭证、付款凭证和转账凭证均属于(　　)。

A．单式记账凭证　　　　　B．复式记账凭证

C．一次凭证　　　　　　　D．通用凭证

【答案】B

【解析】企业常用的收款凭证、付款凭证和转账凭证均属于复式记账凭证。

2．单式记账凭证

是指每一张记账凭证只填列经济业务事项所涉及的一个会计科目及其金额的记账凭证。填列借方科目的称为借项凭证，填列贷方科目的称为贷项凭证。

【经典例题·单选】一项经济业务所涉及的每个会计科目单独填制一张记账凭证,每一张记账凭证中只登记一个会计科目,这种凭证叫做(   )。

A. 单式记账凭证　　　　B. 专用记账凭证

C. 通用记账凭证　　　　D. 一次凭证

【答案】A

【解析】单式记账凭证是指只填列经济业务所涉及的一个会计科目及其金额的记账凭证。

二、记账凭证的基本内容

记账凭证是登记账簿的依据,因其所反映经济业务的内容不同、各单位规模大小及其对会计核算繁简程度的要求不同,其内容有所差异,但应当具备以下基本内容:(1)填制凭证的日期;(2)凭证编号;(3)经济业务摘要;(4)会计科目;(5)金额;(6)所附原始凭证张数;(7)填制凭证人员、稽核人员、记账人员、会计机构负责人、会计主管人员签名或者盖章。收款和付款记账凭证还应当由出纳人员签名或者盖章。以自制的原始凭证或者原始凭证汇总表代替记账凭证的,也必须具备记账凭证应有的项目。

【经典例题·单选】下列不属于记账凭证应具备的内容是(   )。

A. 经济业务事项所涉及的会计科目

B. 记账标记

C. 记账凭证的编号

D. 原始凭证附件

【答案】D

【解析】选项D属于原始凭证的内容。

三、记账凭证的填制要求

（一）记账凭证填制的基本要求

（1）记账凭证各项内容必须完整。

（2）记账凭证的书写应当清楚、规范。

（3）除结账和更正错账可以不附原始凭证外，其他记账凭证必须附原始凭证。

（4）记账凭证可以根据每一张原始凭证填制，或根据若干张同类原始凭证汇总填制，也可以根据原始凭证汇总表填制；但不得将不同内容和类别的原始凭证汇总填制在一张记账凭证上。

（5）记账凭证应连续编号。凭证应由主管该项业务的会计人员，按业务发生的顺序并按不同种类的记账凭证采用"字号编号法"连续编号。如果一笔经济业务需要填制两张以上（含两张）记账凭证的，可以采用"分数编号法"编号。

（6）填制记账凭证时若发生错误，应当重新填制。

（7）记账凭证填制完成后，如有空行，应当自金额栏最后一笔金额数字下的空行处至合计数上的空行处划线注销。

【经典例题·判断】记账凭证必须附原始凭证。（　　）

【答案】×

【解析】除结账和更正错账可以不附原始凭证外，其他记账凭证必须附原始凭证。

（二）收款凭证的填制要求

收款凭证左上角的"借方科目"按收款的性质填写"库存现金"或"银行存款"；日期填写的是填制本凭证的日期；右上角填写填制收款凭证的顺序号；"摘要"填写对所记录的经济业务的简要说明；"贷方科目"填写与收入"库存现金"或"银行存款"相对应的会计科目；"记账"是指该凭证已登记账簿的标记，防止经济业务重记或漏记;"金额"是指该项经济业务的发生额;该凭证右边"附件×张"是指本记账凭证所附原始凭证的张数;最下边分别由有关人员签章,以明确经济责任。

(三)付款凭证的填制要求

付款凭证的填制方法与收款凭证基本相同,只是左上角由"借方科目"换为"贷方科目",凭证中间的"贷方科目"换为"借方科目"。

(四)转账凭证的填制要求

转账凭证将经济业务事项中所涉及全部会计科目按照先借后贷的顺序计入"会计科目"栏中的"一级科目"和"二级明细科目",并按应借、应贷方向分别计入"借方金额"或"贷方金额"栏。其他项目的填列与收、付款凭证相同。

四、记账凭证的审核

记账凭证的审核内容主要包括:(1)内容是否真实;(2)项目是否齐全;(3)科目是否正确;(4)金额是否正确;(5)书写是否规范;(6)手续是否完备。

【经典例题·多选】下列说法中,正确的有(   )。

A. 已经登记入账的记账凭证,在当年内发现填写错误时,直接用蓝字重新填写一张正确的记账凭证即可

B. 发现以前年度记账凭证有错误的,可以用红字填写一张与原内容相同的记账凭证,再用蓝字重新填写一张正确的记账凭证

C. 如果会计科目没有错误,只是金额错误,也可以将正确数字与错误数字之间的差额,另填制一张调整的记账凭证,调增金额用蓝字,调减金额用红字

D. 发现以前年度记账凭证有错误的,应当用蓝字填制一张更正的记账凭证

【答案】CD

【解析】已经登记入账的记账凭证，在当年内发现填写错误时，可以用红字填写一张与原内容相同的记账凭证，在摘要栏注明"注销某月某日某号凭证"字样，同时再用蓝字重新填写一张正确的记账凭证，注明"订正某月某日某号凭证"字样。发现以前年度记账凭证有错误的，应当用蓝字填制一张更正的记账凭证。

第四节　会计凭证的传递与保管

一、会计凭证的传递

会计凭证的传递是指从会计凭证的取得或填制时起至归档保管过程中，在单位内部有关部门和人员之间的传送程序。

会计凭证的传递，一般包括传递程序和传递时间两个方面，要求能够满足内部控制制度的要求，使传递程序合理有效，同时尽量节约传递时间，减少传递的工作量。会计凭证的传递程序和传递时间应根据经济业务的特点，企业内部机构的设置和人员分工情况以及管理上的需要，具体规定各种凭证的联数和传递程序，且注意流程的合理性，避免不必要的环节，以免影响传递速度。

【经典例题·判断】会计凭证传递是指从原始凭证的填制或取得起，到会计凭证归档保管在财会部门内部按规定的路线进行传递和处理的程序。（　　）

【答案】×

【解析】会计凭证的传递是指从会计凭证的取得或填制时起至归档保管过程中，在单位内部有关部门和人员之间的传递。

二、会计凭证的保管

会计凭证的保管是指会计凭证记账后的整理、装订、归档和存查工作。

会计凭证保管的主要要求是：

（1）会计凭证应定期装订成册，防止散失。

（2）会计凭证封面应注明单位名称、凭证种类、凭证张数、起止号数、年度、月份、会计主管人员、装订人员等有关事项，会计主管人员和保管人员应在封面上签章。

（3）会计凭证应加贴封条，防止抽换凭证。原始凭证不得外借，其他单位如有特殊原因确实需要使用时，经本单位会计机构负责人、会计主管人员批准，可以复制。

（4）原始凭证较多时可单独装订，但应在凭证封面上注明所属记账凭证的日期、编号和种类，同时在所属的记账凭证上应注明"附件另订"及原始凭证的名称和编号以便查阅。

（5）每年装订成册的会计凭证，在年度终了时可暂由单位会计机构保管一年，期满后应当移交本单位档案机构统一保管；未设立档案机构的，应当在会计机构内部指定专人保管。出纳人员不得兼管会计档案。

（6）严格遵守会计凭证的保管期限要求，期满前不得任意销毁。

【经典例题·判断】会计部门应于记账之后，定期对各种会计凭证进行分类整理，并将各种记账凭证按编号顺序排列，连同所附的原始凭证一起加具封面，装订成册。（　　）

【答案】√

【题库·同步强化练习】

一、单项选择题（每题的备选项中，只有一个符合题意的正确答案。多选、错选、不选均不得分）

1. 将原始凭证分为一次凭证、累计凭证等类，其分类依据是（　　）。

A. 按用途和填制程序　　　　　B. 按形成来源

C. 按填制方式　　　　　　D. 按填制程序及内容

2. 下列原始凭证中属于外来原始凭证的有（　　）。

A. 提货单　　　　　　　　B. 发出材料汇总表

C. 购货发票　　　　　　　D. 领料单

3. 记账凭证的填制人员是（　　）。

A. 出纳人员　　　　　　　B. 会计人员

C. 经办人员　　　　　　　D. 主管人员

4. 关于会计凭证的保管，下列说法不正确的是（　　）。

A. 会计凭证应定期装订成册，防止散失

B. 会计主管人员和保管人员应在封面上签章

C. 原始凭证不得外借，其他单位如有特殊原因确实需要使用时，经本单位会计机构负责人、会计主管人员批准，可以复制

D. 经单位领导批准，会计凭证在保管期满前可以销毁

5. 付款凭证左上角的"贷方科目"可能登记的科目是（　　）。

A. 预付账款　　　　　　　B. 银行存款

C. 预收账款　　　　　　　D. 其他应付款

6. 下列不属于自制原始凭证的是（　　）。

A. 领料单　　　　　　　　B. 成本计算单

C. 入库单　　　　　　　　D. 火车票

7. 下列业务中应该编制收款凭证的是（　　）。

A. 购买原材料用银行存款支付

B. 收到销售商品的款项

C. 购买固定资产，款项尚未支付

D. 销售商品，收到商业汇票一张

8. 根据连续反映某一时期内不断重复发生而分次进行的特定业务编制的原始凭证有（　　）。

A. 一次凭证　　　　　　　B. 累计凭证

· 175 ·

C. 记账凭证　　　　　　　　D. 汇总原始凭证

9. 将库存现金送存银行，应填制的记账凭证是（　　）。

A. 库存现金收款凭证　　　　B. 库存现金付款凭证

C. 银行存款收款凭证　　　　D. 银行存款付款凭证

10. 下列属于累计凭证的是（　　）。

A. 领料单　　　　　　　　　B. 限额领料单

C. 耗用材料汇总表　　　　　D. 工资汇总表

11. （　　）是用来记录货币资金付款业务的凭证，它是由出纳人员根据审核无误的原始凭证填制的。

A. 收款凭证　　　　　　　　B. 付款凭证

C. 转账凭证　　　　　　　　D. 累计凭证

12. 填制记账凭证时，错误的做法是（　　）。

A. 根据每一张原始凭证填制

B. 根据若干张同类原始凭证汇总填制

C. 将若干张不同内容和类别的原始凭证汇总填制在一张记账凭证上

D. 根据原始凭证汇总表编制

13. 在审核原始凭证时，对于内容不完整、填写有错误或手续不完备的原始凭证，应该（　　）。

A. 拒绝办理，并向本单位负责人报告

B. 予以抵制，对经办人员进行批评

C. 由会计人员重新编制或予以更正

D. 予以退回，要求更正、补充，以至重新编制

14. 下列关于原始凭证的说法不正确的是（　　）。

A. 按照来源的不同，分为外来原始凭证和自制原始凭证

B. 按照格式的不同，分为通用原始凭证和专用原始凭证

C. 按照填制手续及内容不同，分为一次原始凭证、累计原始

凭证和汇总原始凭证

D. 按照填制方法不同，分为外来原始凭证和自制原始凭证

15. 原始凭证按（　　）分类，分为一次凭证、累计凭证等类。

A. 用途和填制程序　　　　　B. 形成来源

C. 填制方式　　　　　　　　D. 填制程序及内容

16. 可以不附原始凭证的记账凭证是（　　）。

A. 更正错误的记账凭证

B. 从银行提取现金的记账凭证

C. 以现金发放工资的记账凭证

D. 职工临时性借款的记账凭证

17. 在原始凭证上书写阿拉伯数字，错误的做法是（　　）。

A. 金额数字前书写货币币种符号

B. 币种符号与金额数字之间要留有空白

C. 币种符号与金额数字之间不得留有空白

D. 数字前写有币种符号的，数字后不再写货币单位

18. 下列属于通用凭证的是（　　）。

A. 工资结算单　　　　　　　B. 折旧计算表

C. 增值税专用发票　　　　　D. 差旅费报销单

19. 下列不能作为填制记账凭证的原始依据的是（　　）。

A. 开工单　　　　　　　　　B. 成本计算单

C. 生产通知单　　　　　　　D. 银行收付款通知单

20. 不符合原始凭证基本要求的是（　　）。

A. 从个人取得的原始凭证，必须有填制人员的签名盖章

B. 原始凭证不得涂改、刮擦、挖补

C. 上级批准的经济合同，应作为原始凭证

D. 大写和小写金额必须相等

21. 企业购进原材料 60 000 元，款项未付。该笔经济业务应编

制的记账凭证是（　　）。

A. 收款凭证　　　　　　　　B. 付款凭证

C. 转账凭证　　　　　　　　D. 以上均可

22. 原始凭证有错误的，正确的处理方法是（　　）。

A. 向单位负责人报告　　　　B. 退回，不予接受

C. 由出具单位重开或更正　　D. 本单位代为更正

23. 下列表示方法正确的是（　　）。

A. ￥508.00　　　　　　　　B. ￥86.00

C. 人民币伍拾陆元捌角伍分整　　D. 人民币柒拾陆元整

24. 下列内容中，不属于记账凭证审核内容的是（　　）。

A. 凭证是否符合有关的计划和预算

B. 会计科目使用是否正确

C. 凭证的金额与所附原始凭证的金额是否一致

D. 凭证的内容与所附原始凭证的内容是否一致

25. 下列经济业务，应该填制现金收款凭证的是（　　）。

A. 从银行提取现金

B. 以现金发放职工工资

C. 出售报废的固定资产收到现金

D. 销售积压的材料收到一张转账支票

二、多项选择题（每题的备选项中，有两个或两个以上符合题意的正确答案。多选、错选、少选不得分）

1. 会计凭证的作用主要有（　　）。

A. 用以考核和加强经济管理上的责任制

B. 用以保证账簿记录的正确性

C. 用以保护各项财产物资的安全完整

D. 用以监督经济业务的合法性和合理性

2. 原始凭证审核的内容包括（   ）。

   A. 经济业务内容是否真实

   B. 会计科目使用是否正确

   C. 应借应贷方向是否正确

   D. 经济业务是否有违法乱纪行为

3. 下列各项中，属于记账凭证审核内容的是（   ）。

   A. 金额是否正确   B. 项目是否齐全

   C. 科目是否正确   D. 书写是否正确

4. 下列各项中，属于常用的汇总原始凭证的是（   ）。

   A. 差旅费报销单   B. 工资结算汇总表

   C. 领料单   D. 发出材料汇总表

5. 下列各项中，属于具有法律效力的原始凭证是（   ）。

   A. 银行收付款通知单   B. 开工单

   C. 生产通知单   D. 经济合同

6. 下列会计事项处理时，不必编制记账凭证的是（   ）。

   A. 期末将"主营业务收入"结转入"本年利润"账户

   B. 期末"主营业务收入"账户更换新账簿，新旧账之间转记余额

   C. 期末将"制造费用"结转入"生产成本"账户

   D. 年度终了结账时，有余额的账户，将余额结转下年

7. 下列各项中，可以作为现金收入原始凭证的有（   ）。

   A. 发票   B. 转账支票

   C. 非经营性收据   D. 内部收据

8. 下列各项中，属于记账凭证的有（   ）。

   A. 收款凭证   B. 科目汇总表

   C. 汇总原始凭证   D. 转账凭证

9. 下列属于填制原始凭证基本内容的有（   ）。

A. 原始凭证名称　　　　　　B. 接受原始凭证的日期
C. 接受原始凭证的单位名称　D. 经济业务的记账方向

10. 下列各种凭证中，只能在单位内部使用的凭证有（　　）。
A. 自制原始凭证　　　　　　B. 专用原始凭证
C. 通用原始凭证　　　　　　D. 外来原始凭证

11. 下列各项经济业务中，需要编制付款凭证的有（　　）。
A. 从银行提取现金　　　　　B. 将现金存入银行
C. 收回前欠款项　　　　　　D. 用现金购买办公用品

12. 下列中属于会计凭证保管内容的有（　　）。
A. 整理、装订会计凭证
B. 在会计凭证封面上盖章
C. 加贴封条防止抽换凭证
D. 原始凭证较多时可以单独装订

13. 下列关于会计凭证的传递要求正确的有（　　）。
A. 主要包括传递路线、传递时间和传递手续三个方面的内容
B. 会计凭证的传递和处理都应在报告期内完成
C. 会计凭证的传递路线不能根据实际情况的变化加以修改
D. 会计凭证的传递手续可以根据实际情况的变化及时加以修改

14. 原始凭证的审核包括（　　）。
A. 合法性的审核　　　　　　B. 真实性的审核
C. 合理性的审核　　　　　　D. 完整性的审核

15. 编制收款凭证时，其贷方科目填写的依据有（　　）。
A. 国家统一会计制度的规定　B. 经济业务的内容
C. 与借方科目相对应　　　　D. 厂长（经理）的要求

16. 制定科学的会计凭证传递程序时，应着重考虑（　　）。
A. 会计凭证的传递流程

B. 会计凭证在每个传递环节上停留的时间

C. 会计凭证交接的验收制度

D. 会计凭证的整理、归类和装订成册

17. 从外单位取得的原始凭证遗失时应该作（　　）处理后，才能代作原始凭证。

　　A. 应取得原签发单位盖有公章的证明

　　B. 注明原始凭证的号码、金额、内容等

　　C. 由经办单位会计机构负责人批准

　　D. 由经办单位负责人批准

18. 其他单位因特殊原因需要使用本单位的原始凭证，正确的做法是（　　）。

　　A. 可以外借

　　B. 将外借的会计凭证拆封抽出

　　C. 不得外借，经本单位会计机构负责人、会计主管人员批准，可以复制

　　D. 将向外单位提供的凭证复印件在专设的登记簿上登记

19. 下列属于一次凭证的有（　　）。

　　A. 收据　　　　　　　　B. 发票

　　C. 工资结算单　　　　　D. 工资汇总表

20. 收款凭证的借方科目可能有（　　）。

　　A. 应收账款　　　　　　B. 库存现金

　　C. 银行存款　　　　　　D. 应付账款

21. 关于记账凭证下列说法正确的是（　　）。

　　A. 收款凭证是指用于记录现金和银行存款收款业务的会计凭证

　　B. 收款凭证分为现金收款凭证和银行存款收款凭证两种

　　C. 从银行提取库存现金的业务应该编制现金收款凭证

D. 从银行提取库存现金的业务应该编制银行存款付款凭证

22. 下列原始凭证中，属于单位自制原始凭证的有（   ）。

   A. 收料单　　　　　　　　　　B. 限额领料单

   C. 产品入库单　　　　　　　　D. 领料单

23. 记账凭证可以根据（   ）编制。

   A. 一张原始凭证　　　　　　　B. 若干张同类原始凭证汇总

   C. 原始凭证汇总表　　　　　　D. 明细账

24. 对原始凭证发生的错误，正确的更正方法有（   ）。

   A. 由出具单位重开或更正

   B. 由本单位的会计人员代为更正

   C. 金额发生错误的，可由出具单位在原始凭证上更正

   D. 金额发生错误的，应当由出具单位重开

25. 以下各项中，属于原始凭证所必须具备的基本内容有（   ）。

   A. 凭证名称、填制日期和编号

   B. 经济业务内容

   C. 对应的记账凭证号数

   D. 填制、经办人员的签字、盖章

26. 下列项目中符合填制会计凭证要求的有（   ）。

   A. 汉字大小写金额必须相符且填写规范

   B. 阿拉伯数字连笔书写

   C. 填写凭证时，文字、数字要规范，不得使用未经国务院公布的简化字

   D. 大写金额有分的，分字后面不写"整"或"正"字

27. 涉及现金与银行存款之间的划款业务时，可以编制的记账凭证有（   ）。

   A. 银行收款凭证　　　　　　　B. 银行付款凭证

   C. 现金收款凭证　　　　　　　D. 现金付款凭证

28. 增值税专用发票属于（　　）。
   A. 通用凭证　　　　　　　B. 汇总凭证
   C. 一次凭证　　　　　　　D. 专用凭证

29. 银行结算凭证属于（　　）。
   A. 外来凭证　　　　　　　B. 汇总凭证
   C. 一次凭证　　　　　　　D. 通用凭证

30. 下列属于复式记账凭证的是（　　）。
   A. 收款凭证　　　　　　　B. 付款凭证
   C. 转账凭证　　　　　　　D. 通用记账凭证

三、判断题（正确的请在题后括号中画"√"，错误的请在题后括号中画"×"。不判断、判断错误的均不得分）

1. 会计凭证是以记录经济业务、明确经济责任为记账依据的书面证明。（　　）
2. 记账凭证的填制日期与原始凭证的填制日期应当相同。（　　）
3. 一切外来原始凭证是登记账簿的直接依据。（　　）
4. 记账凭证的编号必须连续，不得间断。（　　）
5. 所有记账凭证一定要有原始凭证附件作支持。（　　）
6. 收料单属于汇总凭证。（　　）
7. 凡是与记账有关的人员，都要在记账凭证上签章。（　　）
8. 凡是现金或银行存款增加的经济业务必须填制收款凭证，不填制付款凭证。（　　）
9. 付款凭证只有在银行存款发生付出业务时才填制。（　　）
10. 原始凭证金额有错误的，应当由出具单位重开。（　　）
11. 原始凭证原则上不得外借，其他单位如有特殊原因确实需要使用时，经本单位会计机构负责人、会计主管人员批准，可以外借。（　　）

12. 原始凭证是会计核算的原始资料和重要依据,是登记会计账簿的直接依据。(　　)

13. 对于真实、合法、合理但内容不够完善、填写有错误的原始凭证,会计机构和会计人员不予以接受。(　　)

14. 保管期满但尚未结清的债权债务原始凭证,不得销毁,应单独抽出立卷。(　　)

15. 记账凭证的审核与编制不能是同一会计人员。(　　)

16. 为了简化工作手续,可以将不同内容和类别的原始凭证汇总,填制在一张记账凭证上。(　　)

17. 记账凭证所附的原始凭证数量过多,也可以单独装订保管,但应在其封面及有关记账凭证上加注说明。(　　)

18. 累计凭证是指在一定时期内连续记录发生的若干同类型经济业务的原始凭证。(　　)

19. 发现从外单位取得的原始凭证遗失时,应取得原签发单位盖有公章的证明,并注明原始凭证的号码、金额、内容等,由经办单位会计机构负责人审核签章后,才能代作原始凭证。(　　)

20. 如果几笔内容相同的经济业务,需要填列在一张记账凭证时,可采用"分数编号法"。(　　)

四、计算分析题

某企业 2015 年 3 月 20 日购买一批材料,价款 100 000 元,尚未付款。会计人员在登记账簿时,发生了以下错误:

(1) 在记账凭证中,会计人员误将"原材料"科目写成了"库存商品"科目;

(2) 在记账凭证中,会计人员误将金额写为 1 000 000 元;

(3) 在记账凭证中,会计人员误将金额写为 10 000 元;

(4) 记账凭证没有错误,会计人员在登记入账时误记为

10 000元。

要求：请分别指出更正上述错误应采用的更正方法，并为该会计人员进行更正。

【参考答案及解析】

一、单项选择题（每题的备选项中，只有一个符合题意的正确答案。多选、错选、不选均不得分）

1．D　【解析】原始凭证按填制程序及内容分类，分为一次凭证、累计凭证等类。因此，正确选项为D。

2．C　【解析】购货发票是由供货单位开具的，是外来原始凭证。提货单、发出材料汇总表和领料单属于自制原始凭证。因此，正确选项为C。

3．B　【解析】记账凭证的填制都是由会计人员进行的，因此，正确的选项是B。

4．D　【解析】会计档案保管期满前不得任意销毁。

5．B　【解析】付出现金或银行存款的业务需要编制付款凭证，所以贷方科目可能为库存现金或银行存款。

6．D　【解析】火车票属于外来原始凭证。自制原始凭证简称自制凭证，是指由本单位内部经办业务的部门和人员，在执行或完成某项经济业务时填制的、仅供单位内部使用的原始凭证。如收料单、领料单、开工单、成本计算单、出库单、入库单、借款单、工资发放明细表、折旧计算表、限额领料单、本单位开具的销售发票等。

7．B　【解析】A应该编制付款凭证，CD应该编制转账凭证。

8．B　【解析】累计凭证是指在一定时期内多次记录发生的同类型经济业务的原始凭证。它是多次有效的原始凭证，即可多次填写使用的凭证。最常见的累计原始凭证是企业为了控制生产成本，在领用材料时填写的限额领料单。

9. B 【解析】对于涉及"库存现金"和"银行存款"之间的经济业务,为避免重复记账,一般只编制付款凭证,不编制收款凭证。

10. B 【解析】领料单属于一次凭证。限额领料单属于累计凭证,耗用材料汇总表和工资汇总表属于汇总凭证。

11. B 【解析】付款凭证,是用来记录货币资金付款业务的凭证,它是由出纳人员根据审核无误的原始凭证填制的。

12. C 【解析】记账凭证可以根据每一张原始凭证填制,或者根据若干张同类原始凭证汇总填制,也可以根据原始凭证汇总表填制。但不得将不同内容和类别的原始凭证汇总填制在一张记账凭证上。

13. D 【解析】对于真实、合法、合理但内容不够完善、填写有错误的原始凭证,应退回给有关经办人员,由其负责将有关凭证补充完整、更正错误或重开后,再办理正式会计手续。

14. D 【解析】对于原始凭证而言,按照来源的不同,分为外来原始凭证和自制原始凭证;按照格式的不同,分为通用原始凭证和专用原始凭证;按照填制手续及内容不同,分为一次原始凭证、累计原始凭证和汇总原始凭证。

15. D 【解析】按照填制程序和内容不同,分为一次凭证、累计凭证和汇总凭证。

16. A 【解析】根据规定,除结账和更正错误的记账凭证可以不附原始凭证外,其他记账凭证必须附有原始凭证。所以,A 的说法正确;选项 B "从银行提取现金的记账凭证"后面应该附上相关的原始凭证;选项 C "以现金发放工资的记账凭证"后面应该附上工资表;选项 D "职工临时性借款的记账凭证"后面应该附上职工的借款收据。

17. B 【解析】按照规定,阿拉伯金额数字前应当书写货币币种符号或者"货币名称简写和币种符号"。币种符号和阿拉伯数字之间不得留有空白,数字后面不再写货币单位。

18. C 【解析】通用凭证指的是由有关部门统一印制、在一定范围内使用的具有统一格式和使用方法的原始凭证。如由国家税务局统一印制的全国通用的增值税专用发票、某省(市)印制的在该省(市)使用的发货票、由中国人民银行制作的在全国通用的银行转账结算凭证等。ABD都属于专用凭证。

19. C 【解析】凡是不能证明经济业务已经完成的文件或证明,如:经济合同、材料请购单、生产通知单等,都不能作为会计凭证。

20. C 【解析】上级批准的经济合同,其并不证明经济业务已完成的情况,所以不能作为会计凭证。

21. C 【解析】因为该业务不涉及现金和银行存款,所以应该编制转账凭证。

22. C 【解析】原始凭证有错误的,应当由出具原始凭证的单位重开或更正,更正处应当加盖出具原始凭证单位的印章。

23. A 【解析】按照规定,人民币符号"￥"与阿拉伯数字之间不得留有空白,所以B的写法不正确;大写金额数字有分的,分字后面不写"整"或"正"字。所以C的写法不正确;"人民币"字样和大写金额之间不得留有空白。所以D的写法不正确。

24. A 【解析】凭证是否符合有关的计划和预算是原始凭证的审核内容,其余三个选项是记账凭证的审核内容。因此A选项正确。

25. C 【解析】现金收款凭证是出纳人员办理现金收入业务的依据。为确保收款凭证的合法、真实和准确,出纳人员在办理每笔现金收入前,都必须首先复核现金收款凭证,要求认真复核。出售报废的固定资产收到现金应该填制现金收款凭证。

二、多项选择题（每题的备选项中，有两个或两个以上符合题意的正确答案。多选、错选、少选不得分）

1. ABD 【解析】会计凭证的作用：（1）记录经济业务，提供记账依据；（2）明确经济责任，强化内部控制；（3）监督经济活动，控制经济运行。C选项属于财产清查的意义，故选ABD。

2. AD 【解析】原始凭证审核的内容主要包括：审核原始凭证的真实性、审核原始凭证的合法性、审核原始凭证的合理性、审核原始凭证的完整性、审核原始凭证的正确性、审核原始凭证的及时性。

3. ABCD 【解析】记账凭证审核内容包括内容是否真实、项目是否齐全、科目是否正确、金额是否正确、书写是否正确。

4. ABD 【解析】领料单属于一次凭证，其余三项都属于汇总原始凭证。

5. AD 【解析】银行收付款通知单、经济合同是具有法律效力的，开工单、生产通知单不具有法律效力。

6. BD 【解析】期末将"主营业务收入"结转入"本年利润"账户以及期末将"制造费用"结转入"生产成本"账户均要编制记账凭证。

7. ACD 【解析】转账支票不涉及现金，不能作为现金收入原始凭证。

8. AD 【解析】记账凭证按其反映的经济业务内容分为收款凭证、付款凭证和转账凭证。

9. ABC 【解析】经济业务的记账方向是记账凭证的基本内容。

10. AB 【解析】自制原始凭证和专用原始凭证仅限于单位

内部使用。

11. ABD 【解析】从银行提取现金、将现金存入银行、用现金购买办公用品需要编制付款凭证，收回前欠款项应编制收款凭证。

12. ABCD 【解析】整理、装订会计凭证，在会计凭证封面上盖章，加贴封条防止抽换凭证，原始凭证较多时可以单独装订都属于会计凭证的保管内容。

13. ABD 【解析】会计凭证的传递主要包括会计凭证的传递路线、传递时间和传递手续三个方面的内容，它们应根据实际情况的变化及时加以修改，以确保会计凭证传递的科学化、制度化。一切会计凭证的传递和处理，都应在报告期内完成，否则将会影响会计核算的及时性。

14. ABCD 【解析】原始凭证的审核主要包括六个方面：合法性的审核、真实性的审核、合理性的审核、正确性的审核、完整性的审核、及时性的审核。故 ABCD 全选。

15. ABC 【解析】填制收款凭证时，"贷方科目"栏要求根据经济业务的内容，填入与借方科目对应的总账科目和明细科目，所使用的会计科目需符合国家统一会计制度的规定。

16. ABC 【解析】本题的考点为会计凭证的传递。

17. ABCD 【解析】本题的考点为遗失原始凭证的处理。从外单位取得的原始凭证如有遗失，应当取得原开出单位盖有公章的证明，并注明原来凭证的号码、金额和内容等，由经办单位会计机构负责人、会计主管人员和单位领导人批准后，才能代作原始凭证。如果确实无法取得证明的，如火车、轮船、飞机票等凭证，由当事人写出详细情况，由经办单位会计机构负责人、会计主管人员和单位领导人批准后，代作原始凭证。

18. CD 【解析】会计凭证不得外借，其他单位如因特殊原因需要使用原始凭证时，经本单位会计机构负责人、会计主管人员批准，可以复制。向外单位提供的原始凭证复印件，应当在专设的登记簿上登记，并由提供人员和收取人员共同签名或者盖章。

19. ABC 【解析】一次凭证是指一次填制完成，只记录一项经济业务的原始凭证。它是一次有效的凭证，即一经填写完毕就不能再次填写使用的凭证。如：收据、发票、收料单、领料单、工资结算单、借款单、银行结算凭证等。工资汇总表属于汇总凭证。

20. BC 【解析】本题的考点为收款凭证的内容。收款凭证左上角"借方科目"按收款的性质填写"库存现金"或"银行存款"。

21. ABD 【解析】对于涉及"库存现金"和"银行存款"之间的经济业务，一般只编制付款凭证。所以从银行提取库存现金的业务应该编制银行存款付款凭证。

22. ABCD 【解析】本题考核自制原始凭证的内容。自制原始凭证是指由本单位内部经办业务的部门或个人，在执行或完成某项经济业务时自行填制的，仅供本单位内部使用的原始凭证，如收料单、领料单、限额领料单、产品入库单、产品出库单、借款单、工资发放明细表、折旧计算表等。

23. ABC 【解析】记账凭证可以根据每一张原始凭证填制或根据若干张同类原始凭证汇总编制，也可以根据原始凭证汇总表填制。

24. AD 【解析】原始凭证有错误的，应当由出具原始凭证的单位重开或更正，更正处应当加盖出具原始凭证单位的印章。原始凭证金额有错误的不得更正，只能由出具原始凭证的单位重开。

25. ABD 【解析】原始凭证一般应该具备以下内容：①原始凭证的名称和编号；②填制原始凭证的日期；③接受原始凭证单位名称；④经济业务内容（含数量、单价、金额等）；⑤填制单位签章；⑥有关人员的签章；⑦凭证附件。

26. ACD 【解析】阿拉伯数字不可以用连笔书写。

27. BD 【解析】从银行提取现金只编制银行付款凭证，将现金存入银行只编制现金付款凭证。

28. AC 【解析】增值税专用发票属于通用凭证和一次凭证。

29. ACD 【解析】银行结算凭证属于外来凭证、一次凭证和通用凭证。

30. ABCD 【解析】收款凭证、付款凭证、转账凭证和通用记账凭证均为复式记账凭证。

三、判断题（正确的请在题后括号中画"√"，错误的请在题后括号中画"×"。不判断、判断错误的均不得分）

1. √

2. × 【解析】记账凭证的填制日期一般为填制记账凭证当天的日期，但在下月月初编制上月月末曲转账凭证时，应填制上月最后一天的日期。原始凭证应当在经济业务发生或完成时及时填制。

3. × 【解析】一切外来原始凭证是登记记账凭证的直接依据，记账凭证才是登记账簿的依据。

4. √

5. × 【解析】记账凭证必须附有原始凭证，但结账和更正错误的记账凭证除外。

6. × 【解析】收料单属于一次凭证，不属于汇总凭证。

7. √

8. × 【解析】本题的考点为记账凭证的填制。对于银行存款和库存现金之间转换的业务，一律编制付款凭证，不编制收款凭证。如从银行提取现金，现金增加、银行存款减少，应编制银行存款付款凭证；将现金存入银行，银行存款增加、库存现金减少，编制现金付款凭证。

9. × 【解析】当发生现金转入银行的业务时，银行存款发生收入业务，避免重复记账，只填制现金付款凭证。因此，付款凭证不只是针对银行存款发生付出业务时才填制。

10. √

11. × 【解析】原始凭证不得外借，其他单位如有特殊原因确实需要使用时，经本单位会计机构负责人、会计主管人员批准，可以复制。

12. × 【解析】原始凭证是登记账簿的原始依据，而记账凭证是登记会计账簿的直接依据。

13. × 【解析】对于真实、合法、合理但内容不够完善、填写有错误的原始凭证，应退回给有关经办人员，由其负责将有关凭证补充完整、更正错误或重开后，再办理正式会计手续。

14. √

15. √

16. × 【解析】本题的考点为记账凭证的填制。记账凭证可以根据每一张原始凭证填制或根据若干张同类原始凭证汇总编制，也可以根据原始凭证汇总表填制，但是不得将不同内容和类别的原始凭证汇总填制在一张记账凭证上。

17. √

18. √

19. × 【解析】从外单位取得的原始凭证遗失时，应取得原签发单位盖有公章的证明，并注明原始凭证的号码、金额、内容等，由经办单位会计机构负责人、会计主管人员和单位负责人批准后，才能代作原始凭证。

20. × 【解析】一笔经济业务需要填制两张以上记账凭证的，可以采用分数编号法编号，此时与记账凭证上反映了几笔业务没有直接联系的。

四、计算分析题

（1）记账凭证科目错误，应采用红字更正法。

第一：用红字金额填写一张记账凭证，并据以登记入账。

借：库存商品　　100 000

　　贷：应付账款　　100 000

第二：用蓝字金额填写一张正确的记账凭证，并据以登记入账。

借：原材料　　100 000

　　贷：应付账款　　100 000

（2）记账凭证科目正确，只是所记金额大于应记金额，应采用红字更正法。将多记金额用红字金额填写一张记账凭证，并据以登记入账。

借：原材料　　900 000

　　贷：应付账款　　900 000

（3）记账凭证科目正确，只是所记金额小于应记金额，应采用补充登记法。将少记金额用蓝字金额填写一张记账凭证，并据以登记入账。

借：原材料　　90 000

　　贷：应付账款　　90 000

（4）记账凭证正确，只是记账时金额发生错误，应采用划线更正法。直接在错误的数字10 000上面划一条红线，在上方填写正确的数字100 000，并由记账及相关人员在更正处盖章，以明确责任。

第七章 会计账簿

【考情分析】

本章考试主要以单选、多选、判断考核以下知识点：会计账簿的分类，记账规则、不同账簿的登记方法、错账查找及更正方法。

【知识结构图示】

```
         ┌─ 会计账簿概述 ─┬─ 会计账簿的概念与作用
         │               ├─ 会计账簿的基本内容
         │               ├─ 会计账簿与账户的关系
         │               └─ 会计账簿的种类
         │
         ├─ 会计账簿的启用与登记要求 ┬─ 会计账簿的启用
         │                         └─ 会计账簿的登记要求
         │
会计账簿 ├─ 会计账簿的格式与登记方法 ┬─ 日记账的格式与登记方法
         │                         ├─ 总分类账的格式与登记方法
         │                         ├─ 明细分类账的格式与登记方法
         │                         └─ 总分类账户与明细分类账户的平行登记
         │
         ├─ 对账与结账 ┬─ 对账
         │           └─ 结账
         │
         ├─ 错账查找与更正的方法 ┬─ 错账查找方法
         │                     └─ 错账更正方法
         │
         └─ 会计账簿的更换与保管 ┬─ 会计账簿的更换
                               └─ 会计账簿的保管
```

【本章知识要点】

第一节 会计账簿概述

一、会计账簿的概念与作用

会计账簿简称账簿，是指由一定格式的账页组成的，以经过审核的会计凭证为依据，全面、系统、连续地记录各项经济业务的簿籍。

设置和登记账簿的作用主要有：（1）记载和储存会计信息；（2）分类和汇总会计信息；（3）检查和校正会计信息；（4）编报和输出会计信息。

二、会计账簿的基本内容

在实际工作中，由于各种会计账簿所记录的经济业务不同，账簿的格式也多种多样，但各种账簿都应具备以下基本内容：（1）封面；（2）扉页；（3）账页。

三、会计账簿与账户的关系

账簿与账户的关系是形式和内容的关系。账簿是由若干账页组成的一个整体，账簿中的每一账页就是账户的具体存在形式和载体，没有账簿，账户就无法存在；账簿序时、分类地记录经济业务，是在各个具体的账户中完成的。因此，账簿只是一个外在形式，账户才是它的实质内容。

四、会计账簿的种类

（一）按用途分类

1．序时账簿

序时账簿，又称日记账，是按照经济业务发生时间的先后顺序逐日、逐笔登记的账簿。序时账簿按其记录的内容，可分为普通日记账和特种日记账。

2．分类账簿

分类账簿是按照会计要素的具体类别而设置的分类账户进行登记的账簿。账簿按其反映经济业务的详略程度，可分为总分类账簿和明细分类账簿。

3．备查账簿

备查账簿，又称辅助登记簿或补充登记簿，是指对某些在序时账簿和分类账簿中未能记载或记载不全的经济业务进行补充登记的账簿。

【经典例题·单选】一般情况下,不需根据记账凭证登记的账簿是（　　）。

A. 总分类账　　　　　　B. 明细分类账

C. 备查账　　　　　　　D. 日记账

【答案】C

【解析】备查账亦称辅助账簿,是指对在日记账簿和分类账簿中记录不全的经济业务进行补充登记的账簿。

（二）按账页格式分类

1. 两栏式账簿

两栏式账簿是指只有借方和贷方两个基本金额栏目的账簿。普通日记账和转账日记账一般采用两栏式。

2. 三栏式账簿

三栏式账簿是设有借方、贷方和余额三个基本栏目的账簿。各种日记账、总分类账以及资本、债权债务明细账都可采用三栏式账簿。

【经典例题·单选】三栏式账页不设（　　）。

A. 借方栏　　B. 贷方栏　　C. 余额栏　　D. 数量栏

【答案】D

【解析】三栏式账簿是设有借方、贷方和余额三个基本栏目的账簿。数量栏是数量金额式明细账上的。

3. 多栏式账簿

多栏式账簿是在账簿的两个基本栏目借方和贷方按需要分设若干专栏的账簿。收入、费用明细账一般均采用这种格式的账簿。

4. 数量金额式账簿

数量金额式账簿的借方、贷方和余额三个栏目内,都分设数量、单价和金额三小栏，借以反映财产物资的实物数量和价值量。原材料、库存商品、产成品等明细账一般都采用数量金额式账簿。

5．横线登记式账簿

横线登记式账簿，又称平行式账簿，是指将前后密切相关的经济业务登记在同一行上，以便检查每笔业务的发生和完成情况的账簿。

（三）按外形特征分类

1．订本账

订本账是启用之前就已将账页装订在一起，并对账页进行了连续编号的账簿。

2．活页账

活页账是在账簿登记完毕之前并不固定装订在一起，而是装在活页账夹中。当账簿登记完毕之后（通常是一个会计年度结束之后），才将账页予以装订，加具封面，并给各账页连续编号。各种明细分类账一般采用活页账形式。

3．卡片账

卡片账是将账户所需格式印刷在硬卡上，由若干零散的、具有专门格式的硬纸卡组成的账簿。

【经典例题·单选】下列账簿中，必须采用订本式账簿的是（　　）。

A．原材料明细账　　　　　　B．库存商品明细账
C．银行存款日记账　　　　　D．固定资产登记簿

【答案】C

【解析】订本式账簿一般适用于总分类账、现金日记账、银行存款日记账。

第二节　会计账簿的启用与登记要求

一、会计账簿的启用

启用会计账簿时，应当在账簿封面上写明单位名称和账簿名

称,并在账簿扉页上附启用表。启用订本式账簿应当从第一页到最后一页顺序编定页数,不得跳页、缺号。使用活页式账簿应当按账户顺序编号,并须定期装订成册,装订后再按实际使用的账页顺序编定页码,另加目录以便于记明每个账户的名称和页次。

【经典例题·多选】在会计账簿扉页启用表上填列的内容包括( )。

　　A. 账簿名称　　　　　　B. 单位名称
　　C. 账户名称　　　　　　D. 启用日期

【答案】ABD

【解析】启用表内详细载明单位名称、账簿名称、账簿编号、账簿页数、启用日期、记账人员和会计主管人员姓名,并加盖有关人员的签章和单位公章。

二、会计账簿的登记要求

为了保证账簿记录的正确性,必须根据审核无误的会计凭证登记会计账簿,并符合有关法律、行政法规和国家统一的会计准则制度的规定,主要有:(1)准确完整;(2)注明记账符号;(3)书写留空;(4)正常记账使用蓝黑墨水;(5)特殊记账使用红墨水;(6)顺序连续登记;(7)结出余额;(8)过次承前;(9)不得涂改、刮擦、挖补。

【经典例题·多选】可以用红色墨水记录的业务或者事项有( )。

　　A. 记账凭证上会计科目、记账方向均正确,但所记金额小于应计金额致使账簿记录发生少计错误时的更正
　　B. 在不设借贷等栏的多栏式账户中登记负数余额
　　C. 在未印明余额方向的三栏式账户中登记负数余额
　　D. 记账凭证上会计科目、记账方向均正确,但所记金额大于

应计金额致使账簿记录发生多记错误时的错误更正

【答案】BCD

【解析】记账凭证上会计科目、记账方向均正确,但所记金额小于应计金额致使账簿记录发生少计错误时的更正应当使用蓝色墨水书写。

【经典例题·判断】账簿中"过次页"的发生额应是自月初起至本页末止的发生额合计数。( )

【答案】×

【解析】结计"过次页"的本页合计数=本页的第一行累计计算到本页末止。

第三节 会计账簿的格式与登记方法

一、日记账的格式与登记方法

日记账是按照经济业务发生或完成的时间先后顺序逐日逐笔进行登记的账簿。日记账按其所核算和监督经济业务的范围,可分为特种日记账和普通日记账。在我国,大多数企业一般只设库存现金日记账和银行存款日记账。

(一)库存现金日记账的格式与登记方法

库存现金日记账是用来核算和监督库存现金日常收、付和结存情况的序时账簿。库存现金日记账的格式主要有三栏式和多栏式两种,库存现金日记账必须使用订本账。

1. 三栏式库存现金日记账

三栏式库存现金日记账是用来登记库存现金的增减变动及其结果的日记账。设借方、贷方和余额三个金额栏目,一般将其分别称为收入、支出和结余三个基本栏目。

三栏式库存现金日记账是由出纳人员根据库存现金收款凭证、库存现金付款凭证以及银行存款的付款凭证,按照库存现金收、付款业务和银行存款付款业务发生时间的先后顺序逐日逐笔登记。

2. 多栏式库存现金日记账

多栏式库存现金日记账是在三栏式库存现金日记账基础上发展起来的。这种日记账的借方（收入）和贷方（支出）金额栏都按对方科目设专栏，也就是按收入的来源和支出的用途设专栏。这种格式在月末结账时，可以结出各收入来源专栏和支出用途专栏的合计数，便于对现金收支的合理性、合法性进行审核分析，便于检查财务收支计划的执行情况，其全月发生额还可以作为登记总账的依据。

（二）银行存款日记账的格式与登记方法

银行存款日记账是用来核算和监督银行存款每日的收入、支出和结余情况的账簿。银行存款日记账应按企业在银行开立的账户和币种分别设置，每个银行账户设置一本日记账。由出纳员根据与银行存款收付业务有关的记账凭证，按时间先后顺序逐日逐笔进行登记。根据银行存款收款凭证和有关的库存现金付款凭证登记银行存款收入栏，根据银行存款付款凭证登记其支出栏，每日结出存款余额。

【经典例题·单选】下列各账簿中，必须逐日逐笔登记的是（　　）。

A. 库存现金总数　　　　　B. 银行存款日记账
C. 库存商品明细账　　　　D. 应付票据登记簿

【答案】B

【解析】银行存款日记账必须逐日逐笔登记，总账可以汇总登记，库存商品明细账也可以汇总登记。应付票据登记簿属于备查账，没有登记方面的要求。

二、总分类账的格式与登记方法

（一）总分类账的格式

总分类账最常用的格式为三栏式，设置借方、贷方和余额三个基本金额栏目。

（二）总分类账的登记方法

总分类账可以根据记账凭证逐笔登记，也可以根据经过汇总的科目汇总表或汇总记账凭证等登记。

【经典例题·单选】总分类账的登记方法，取决于采用的（　　）。

A. 账簿体系　　　　　　　B. 会计凭证的类别

C. 会计科目的设置　　　　D. 会计核算形式

【答案】D

【解析】总分类账的登记取决于会计核算形式（即账务处理程序）。

三、明细分类账的格式与登记方法

明细分类账是根据二级账户或明细账户开设账页，分类、连续地登记经济业务以提供明细核算资料的账簿，其格式有三栏式、多栏式、数量金额式和横线登记式（或称平行式）等多种。

【经典例题·多选】无论采用何种账务处理程序，登记明细账的依据都有（　　）。

A. 原始凭证　　　　　　　B. 原始凭证汇总表

C. 记账凭证　　　　　　　D. 汇总原始凭证

【答案】ABCD

【解析】不同类型经济业务的明细分类账可根据管理需要，依据记账凭证、原始凭证或汇总原始凭证（原始凭证汇总表与汇总原始凭证是一回事）逐日逐笔或定期汇总登记。

四、总分类账户与明细分类账户的平行登记

（一）总分类账户与明细分类账户的关系

总分类账户是所属明细分类账户的统驭账户，对所属明细分类账户起着控制作用；明细分类账户则是总分类账户的从属账户，对

其所隶属的总分类账户起着辅助作用。总分类账户及其所属明细分类账户的核算对象是相同的,它们所提供的核算资料互相补充,只有把二者结合起来,才能既总括又详细地反映同一核算内容。因此,总分类账户和明细分类账户必须平行登记。

(二) 总分类账户与明细分类账户平行登记的要点

平行登记是指对所发生的每项经济业务都要以会计凭证为依据,一方面计入有关总分类账户,另一方面计入所属明细分类账户的方法。

总分类账户与明细分类账户平行登记的要点是:(1)方向相同;(2)期间一致;(3)金额相等。

【经典例题·多选】下列各项中,属于总分类账户与明细分类账户平行登记的要点有(　　)。

A. 同金额　　B. 同方向　　C. 同摘要　　D. 同期间

【答案】ABD

【解析】总分类账户与明细分类账户平行登记的要点是:(1)方向相同;(2)期间一致;(3)金额相等。

第四节 对账与结账

一、对账

(一) 对账的概念

对账就是核对账目,是对账簿记录所进行的核对工作。

(二) 对账的内容

对账一般可以分为账证核对、账账核对和账实核对。

1. 账证核对

账证核对是指核对账簿记录与原始凭证、记账凭证的时间、凭证字号、内容、金额等是否一致,记账方向是否相符。

2. 账账核对

账账核对是指核对不同会计账簿之间的账簿记录是否相符。账账核对至少每个月的月末进行一次。

3. 账实核对

账实核对是指各项财产物资、债权债务等账面余额与实有数额之间的核对。

【经典例题·多选】某单位6月3日现金日记账的余额大于实地盘点数。导致账实不符的原因可能有（　　）。

A. 记账时将相邻两位数字记颠倒

B. 记账时将相邻三位数字记颠倒

C. 记账时以小记大的错位差错

D. 记账时以大记小的错位差错

【答案】ABC

【解析】选项D会导致现金日记账的余额小于实地盘点数。

二、结账

（一）结账的概念

结账是一项将账簿记录定期结算清楚的账务工作。在一定时期结束时（如月末、季末或年末），为了编制财务报表，需要进行结账，具体包括月结、季结和年结。结账的内容通常包括两个方面：一是结清各种损益类账户，并据以计算确定本期利润；二是结出各资产、负债和所有者权益账户的本期发生额合计和期末余额。

（二）结账的程序

（1）将本期发生的经济业务事项全部登记入账，并保证其正确性；

（2）根据权责发生制的要求，调整有关账项，合理确定本期应计的收入和应计的费用；

（3）将损益类科目转入"本年利润"科目，结平所有损益类科目；

（4）结算出资产、负债和所有者权益科目的本期发生额和余额，并结转下期。

（三）结账的方法

（1）对不需按月结计本期发生额的账户，例如：应收账款账户，每次记账以后，都要随时结出余额，每月最后一笔余额即为月末余额。月末结账时，只需要在最后一笔经济业务事项记录之下通栏划单红线，不需要再结计一次余额。

（2）现金、银行存款日记账和需要按月结计发生额的收入、费用等明细账，每月结账时，要结出本月发生额和余额，在摘要栏内注明"本月合计"字样，并在下面通栏划单红线。

（3）需要结计本年累计发生额的某些明细账户，每月结账时，应在"本月合计"行下结出自年初起至本月末止的累计发生额，登记在月份发生额下面，在摘要栏内注明"本年累计"字样，并在下面通栏划单红线。12月末的"本年累计"就是全年累计发生额，全年累计发生额下通栏划双红线。

（4）总账账户平时只需结出月末余额。年终结账时，将所有总账账户结出全年发生额和年末余额，在摘要栏内注明"本年合计"字样，并在合计数下通栏划双红线。

（5）年度终了结账时，有余额的账户，要将其余额结转下年，并在摘要栏注明"结转下年"字样；在下一会计年度新建有关会计账户的第一行余额栏内填写上年结转的余额，并在摘要栏注明"上年结转"字样。

【经典例题·单选】企业结账的时间应为（ ）。

A. 每项交易或事项办理完毕时　　B. 每一日工作日终了时

C. 一定时期终了时　　　　　　　D. 会计报表编制完成时

【答案】C

【解析】结账，就是把一定时期内全部经济业务登记入账之后，定期计算出各个账户的本期发生额及期末余额，结束本期账簿记录。

第五节　错账查找与更正的方法

一、错账查找方法

（一）差数法

差数法是指按照错账的差数查找错账的方法。

（二）尾数法

尾数法是指对于发生的差错只查找末位数，以提高查错效率的方法。这种方法适合于借贷方金额其他位数都一致，而只有末位数出现差错的情况。

（三）除2法

除2法是指以差数除以2来查找错账的方法。当某个借方金额错计入贷方（或相反）时，出现错账的差数表现为错误的2倍，将此差数用2去除，得出的商即是反向的金额。

【经典例题·单选】下列记账错误中，适合用"除2法"进行查找的是（　　）。

A. 数字顺序记错　　　　　B. 相邻数字颠倒

C. 记反账　　　　　　　　D. 漏记或重记

【答案】C

【解析】除2法是指以差异数额除以2来查找错账的方法，可用于查找因数字记反方向而发生的错误。数字顺序错位、相邻数字颠倒可用"除9法"。漏记或重记用差数法。

（四）除9法

除9法是指以差数除以9来查找错账的方法，适用于以下三种情况：(1)将数字写小；(2)将数字写大；(3)邻数颠倒。

二、错账更正方法

(一) 划线更正法

在结账前发现账簿记录有文字或数字错误,而记账凭证没有错误,采用划线更正法。更正时,可在错误的文字或数字上划一条红线(必须使原有字迹仍可辨认),在红线的上方填写正确的文字或数字,并由记账及相关人员在更正处盖章。

(二) 红字更正法

红字更正法是指用红字冲销原有错误的账户记录或凭证记录,以更正或调整账簿记录的一种方法。通常适用于两种情况:

(1) 记账后在当年内发现记账凭证所记的会计科目错误。

更正方法:先用红字填写一张与原记账凭证完全相同的记账凭证,以示注销原记账凭证,然后用蓝字填写一张正确的记账凭证,并据以登记入账。

(2) 会计科目无误而所记金额大于应记金额。

更正方法:按多记的金额用红字编制一张与原记账凭证应借、应贷科目完全相同的记账凭证,以冲销多记的金额,并据以记账。

(三) 补充登记法

记账后发现记账凭证填写的会计科目无误,只是所记金额小于应记金额时,采用补充登记法。

更正方法:按少记的金额用蓝字编制一张与原记账凭证应借、应贷科目完全相同的记账凭证,以补充少记的金额,并据以记账。

【经典例题·单选】会计人员在编制记账凭证时,将领用的属于行政管理部门用材料误计入制造费用并已登记入账,应采用的错账更正方法是( )。

A. 划线更正法　　　　　　B. 补充登记法

C. 红字更正法　　　　　　D. 抽换凭证法

【答案】C

【解析】记账凭证会计科目、借贷方向有错误应当采用红字更正法。

第六节　会计账簿的更换与保管

一、会计账簿的更换

会计账簿的更换通常在新会计年度建账时进行。总账、日记账和多数明细账应每年更换一次。但有些财产物资明细账和债权债务明细账，由于材料品种、规格和往来单位较多，更换新账，重抄一遍工作量较大，因此，可以跨年度使用，不必每年更换一次，各种备查簿也可以连续使用。

二、会计账簿的保管

已归档的会计账簿作为会计档案为本单位提供利用，原件不得借出，如有特殊需要，须经上级主管单位或本单位领导、会计主管人员批准，在不拆散原卷册的前提下，可以提供查阅或者复制，并要办理登记手续。

年度终了，各种账户在结转下年、建立新账后，一般都要把旧账送交总账会计集中统一管理。会计账簿暂由本单位财务会计部门保管1年，期满之后，由财务会计部门编造清册移交本单位的档案部门保管。

【经典例题·单选】可以跨年度继续使用而不必每年更换的账簿是（　　）。

A. 原材料总账　　　　　　B. 现金日记账
C. 生产成本明细账　　　　D. 固定资产明细账

【答案】D

【解析】部分财产物资和债权债务明细账：如固定资产明细账、应收账款明细账等，可以跨年度继续使用，各种备查账簿，也可以跨年度连续使用，不必每年更换新账。

【题库·同步强化练习】

一、**单项选择题**（每题的备选项中，只有一个符合题意的正确答案。多选、错选、不选均不得分）

1. 下列情况不可以用红色墨水记账的是（　　）。

　　A. 冲账的记账凭证，冲销错误记录

　　B. 在不设借贷等栏的多栏式账页中，登记减少数

　　C. 在三栏式账户的余额栏前，印明余额方向的，在余额栏内登记负数余额

　　D. 在三栏式账户的余额栏前，未印明余额方向的，在余额栏内登记负数余额

2. 下列各项中，适用于卡片账的是（　　）。

　　A. 现金日记账　　　　　　B. 总账

　　C. 银行存款日记账　　　　D. 固定资产明细账

3. 收回货款1 500元存入银行，记账凭证误填为15 000元，并已入账。正确的更正方法是（　　）。

　　A. 采用划线更正法

　　B. 用蓝字借记"银行存款"，贷记"应收账款"

　　C. 用蓝字借记"应收账款"，贷记"银行存款"

　　D. 用红字借记"银行存款"，贷记"应收账款"

4. 对账时，账账核对不包括（　　）。

　　A. 总账各账户的余额核对　　B. 总账与明细账之间的核对

　　C. 总账与备查账之间的核对　　D. 总账与日记账的核对

5. 登记账簿时，正确的做法是（　　）。

　　A. 文字或数字的书写必须占满格

　　B. 书写可以使用蓝黑墨水、圆珠笔或铅笔

C. 用红字冲销错误记录

D. 发生的空行、空页一定要补充书写

6. 下列说法不正确的是（　　）。

A. 凡需要结出余额的账户，结出余额后，应当在"借或贷"等栏内写明"借"或者"贷"等字样

B. 没有余额的账户，应当在"借或贷"等栏内写"—"，并在余额栏内用"0"表示

C. 现金日记账必须逐日结出余额

D. 银行存款日记账必须逐日结出余额

7. 按照（　　）可以把账簿分为序时账簿、分类账簿和备查账簿。

A. 账户用途　　　　　　　B. 账页格式

C. 外型特征　　　　　　　D. 账簿的性质

8. 银行存款日记账是根据（　　）逐日逐笔登记的。

A. 银行存款收、付款凭证　　B. 转账凭证

C. 库存现金收款凭证　　　　D. 银行对账单

9. 下列各账簿中，必须逐日逐笔登记的是（　　）。

A. 库存现金总账　　　　　　B. 银行存款日记账

C. 库存商品明细账　　　　　D. 应付票据登记簿

10. 下列不属于对账的是（　　）。

A. 账簿记录与原始凭证之间的核对

B. 总分类账簿与其所属明细分类账簿之间的核对

C. 现金日记账的期末余额合计与现金总账期末余额的核对

D. 财产物资明细账账面余额与财产物资实存数额的核对

11. 下列不可以作为总分类账登记依据的是（　　）。

A. 记账凭证　　　　　　　B. 科目汇总表

C. 汇总记账凭证　　　　　D. 明细账

12. 下列应该使用多栏式账簿的是（   ）。

　　A. 应收账款明细账　　　　　B. 管理费用明细账

　　C. 库存商品　　　　　　　　D. 原材料

13. 下列不采用订本式账簿的是（   ）。

　　A. 总分类账　　　　　　　　B. 现金日记账

　　C. 银行存款日记账　　　　　D. 固定资产明细账

14. 更正错账时，划线更正法的适用范围是（   ）。

　　A. 记账凭证上会计科目或记账方向错误，导致账簿记录错误

　　B. 记账凭证正确，在记账时发生错误，导致账簿记录错误

　　C. 记账凭证上会计科目或记账方向正确，所记金额大于应记金额，导致账簿记录错误

　　D. 记账凭证上会计科目或记账方向正确，所记金额小于应记金额，导致账簿记录错误

15. 在登记账簿时，如果经济业务发生日期为2013年11月12日，编制记账凭证日期为11月16日，登记账簿日期为11月17日，则账簿中"日期"栏登记的时间为（   ）。

　　A. 11月12日

　　B. 11月16日

　　C. 11月17日

　　D. 11月16日或11月17日均可

16. 下列不适于建立备查账的是（   ）。

　　A. 租入的固定资产　　　　　B. 应收票据

　　C. 受托加工材料　　　　　　D. 购入的固定资产

17. 下列项目中，（   ）是连接会计凭证和会计报表的中间环节。

　　A. 复式记账　　　　　　　　B. 设置会计科目和账户

　　C. 设置和登记账簿　　　　　D. 编制会计分录

18. 下列说法不正确的是（　　）。

　　A. 总分类账登记的依据和方法主要取决于所采用的账务处理程序

　　B. 现金日记账由出纳人员根据审核后的现金的收、付款凭证，逐日逐笔顺序登记

　　C. 总分类账的账页格式有三栏式和多栏式两种，最常用的格式为三栏式

　　D. 账簿按格式不同分为：三栏式、多栏式和数量金额式

19. 能够总括反映企业某一类经济业务增减变动的会计账簿是（　　）。

　　A. 总分类账　　　　　　　B. 明细分类账

　　C. 备查账　　　　　　　　D. 序时账

20. "应交税费——应交增值税"明细账应采用的格式是（　　）。

　　A. 借方多栏式　　　　　　B. 贷方多栏式

　　C. 借方贷方多栏式　　　　D. 三栏式

21. 采用补充登记法，是因为（　　）导致账簿错误。

　　A. 记账凭证上会计科目错误

　　B. 记账凭证上记账方向错误

　　C. 记账凭证上会计科目或记账方向正确，所记金额大于应记金额

　　D. 记账凭证上会计科目或记账方向正确，所记金额小于应记金额

22. 在月末结账前发现所填制的记账凭证将科目方向记反，并已过账，按照有关规定，更正时应采用的错账更正方法最好是（　　）。

　　A. 划线更正法　　　　　　B. 平行登记法

　　C. 补充登记法　　　　　　D. 红字更正法

23. 专门记载某一类经济业务的序时账簿，称为（　　）。

A. 普通日记账 B. 特种日记账

C. 转账日记账 D. 分录簿

24. 在登记账簿过程中，每一账页的最后一行及下一页第一行都要办理转页手续，是为了（ ）。

A. 便于查账 B. 防止遗漏

C. 防止隔页 D. 保持记录的连续性

25. 结账时，应当划通栏双红线的是（ ）。

A. 12月末结出全年累计发生额后

B. 各月末结出本年累计发生额后

C. 结出本季累计发生额后

D. 结出当月发生额后

26. 年度结账时，应在"本年累计"行下划（ ）。

A. 通栏单红线 B. 通栏双红线

C. 半栏单红线 D. 半栏双红线

27. 企业的结账时间应为（ ）。

A. 每项经济业务登账后 B. 每日终了时

C. 一定时期终了时 D. 会计报表编制后

28. 下列账簿（ ），可以跨年度使用，不必每年更换一次。

A. 总账 B. 银行汇票备查簿

C. 银行存款日记账 D. 现金日记账

29. 会计账簿的更换通常在新会计年度建账时进行。一般来说，下列账簿（ ）应每年更换一次。

A. 库存商品明细账 B. 应收账款明细账

C. 现金日记账 D. 应付账款明细账

30. 下列关于会计账簿管理的说法中，错误的是（ ）。

A. 各种会计账簿要分工明确，指定专人管理

B. 会计账簿要妥善保管，任何人不得翻阅查看、摘抄和复制

C. 会计账簿一般不得携带外出

D. 会计账簿不得随意交给其他人管理

二、多项选择题（每题的备选项中，有两个或两个以上符合题意的正确答案。多选、错选、少选不得分）

1. 会计账簿按其用途的不同，可以分为（　　）。

   A. 分类账簿　　　　　　　B. 活页账簿

   C. 备查账簿　　　　　　　D. 数量金额式账簿

2. 下列原因导致的错账应该采用红字冲账法更正的是（　　）。

   A. 记账凭证没有错误，登记账簿时发生错误

   B. 记账凭证的会计科目错误

   C. 记账凭证的应借、应贷的会计科目没有错误，所记金额大于应记金额

   D. 记账凭证的应借、应贷的会计科目没有错误，所记金额小于应记金额

3. 可采用三栏式明细分类账核算的是（　　）。

   A. 库存商品　　　　　　　B. 应收账款

   C. 管理费用　　　　　　　D. 实收资本

4. 出纳人员可以登记和保管的账簿是（　　）。

   A. 现金日记账　　　　　　B. 银行存款日记账

   C. 现金总账　　　　　　　D. 银行存款总账

5. 下列属于账实核对的是（　　）。

   A. 现金日记账账面余额与现金实际库存数的核对

   B. 银行存款日记账账面余额与银行对账单的核对

   C. 财产物资明细账账面余额与财产物资实存数额的核对

   D. 应收、应付款明细账账面余额与债务、债权单位核对

6. 下列属于序时账的是（　　）。

A. 现金日记账　　　　　　　B. 银行存款日记账
C. 应收账款明细账　　　　　D. 主营业务收入明细账

7. 下列关于会计账簿的更换和保管正确的有（　　）。

A. 总账、日记账和多数明细账每年更换一次

B. 变动较小的明细账可以连续使用，不必每年更换

C. 备查账不可以连续使用

D. 会计账簿由本单位财务会计部门保管半年后，交由本单位档案管理部门保管

8. 下列需要划双红线的是（　　）。

A. 在"本月合计"的下面

B. 在"本年累计"的下面

C. 在12月末的"本年累计"的下面

D. 在"本年合计"的下面

9. 下列可以作为库存现金日记账借方登记的依据的是（　　）。

A. 库存现金收款凭证　　　　B. 库存现金付款凭证
C. 银行存款收款凭证　　　　D. 银行存款付款凭证

10. 下列说法中正确的有（　　）。

A. 三栏式明细分类账适用于收入、费用类科目的明细核算

B. 总账最常用的格式为三栏式

C. 日记账必须采用多栏式

D. 银行存款日记账应按企业在银行开立的账户和币种分别设置，每个银行账户设置一本日记账

11. 下列可以用三栏式账簿登记的是（　　）。

A. 总账　　　　　　　　　　B. 现金日记账
C. 应收账款　　　　　　　　D. 实收资本

12. 现金日记账属于（　　）。

A. 特种日记账　　　　　　　B. 普通日记账

C. 订本账 D. 活页账

13. 下列属于错账更正方法的是（ ）。
 A. 红字冲账法 B. 划线更正法
 C. 红字更正法 D. 补充登记法

14. 对账工作主要包括（ ）。
 A. 账证核对 B. 账账核对
 C. 账实核对 D. 账表核对

15. 对于划线更正法，下列说法正确的是（ ）。
 A. 划红线注销时必须使原有字迹仍可辨认
 B. 对于错误的数字，应当全部划红线更正，不得只更正其中的错误数字
 C. 对于文字错误，可只划去错误的部分
 D. 对于错误的数字，可以只更正其中的错误数字

16. 必须逐日结出余额的账簿是（ ）。
 A. 现金总账 B. 银行存款总账
 C. 现金日记账 D. 银行存款日记账

17. 按照账页格式的不同，会计账簿分为（ ）。
 A. 两栏式账簿 B. 三栏式账簿
 C. 数量金额式账簿 D. 多栏式账簿

18. 不同类型经济业务的明细分类账可根据管理需要，依据（ ）逐日逐笔登记或定期登记。
 A. 记账凭证 B. 科目汇总表
 C. 原始凭证 D. 汇总原始凭证

19. 账页包括的内容是（ ）。
 A. 账户名称 B. 记账凭证的种类和号数
 C. 摘要栏 D. 总页次和分户页次

20. 账簿按照外型特征可以分为（ ）。

A. 订本式账簿 B. 备查账簿
C. 活页式账簿 D. 卡片式账簿

21. 下列适合采用多栏式明细账格式核算的是（ ）。

A. 原材料 B. 制造费用
C. 生产成本 D. 库存商品

22. 结账时，正确的做法有（ ）。

A. 结出当月发生额的，在"本月合计"下面通栏划单红线

B. 每月结账时，结出本年累计发生额的，在"本年累计"下面通栏划单红线

C. 12月末，结出全年累计发生额的，在下面通栏划单红线

D. 12月末，结出全年累计发生额的，在下面通栏划双红线

23. 下列内容中，属于结账工作的有（ ）。

A. 结算有关账户的本期发生额及期末余额

B. 编制试算平衡表

C. 清点库存现金

D. 按照权责发生制对有关账项进行调整

24. 下列各项中，属于会计账簿的作用有（ ）。

A. 记载和储存会计信息 B. 分类和汇总会计信息
C. 检查和校正会计信息 D. 编报和输出会计信息

25. 下面关于会计账簿的更换叙述正确的有（ ）。

A. 新账簿建立登记完毕，要进行账账核对，并要与上年度财务报表的所有数据资料完全核对一致

B. 在建立新账前，要对原有各种账簿的账户进行结账、注明"结转下年余额"

C. 建立新账时，在新账簿扉页要填写单位名称、开始启用日期、页数、账簿目录等，并由记账人员签章

D. 固定资产明细账或租入固定资产登记簿等备查账簿可以跨

年度使用，不必每年更换一次

26. 登账时，为了保证账簿的清晰性和永久性，应采用（　　）。

　　A. 蓝黑墨水　　　　　　　　B. 碳素墨水

　　C. 圆珠笔　　　　　　　　　D. 铅笔

27. 下列各项中，根据《企业会计制度》，应建立备查账簿登记的有（　　）。

　　A. 银行存款　　　　　　　　B. 融资租入设备

　　C. 经营租入设备　　　　　　D. 已贴现应收票据

28. 现金日记账的登记证据有（　　）。

　　A. 现金收支的原始凭证　　　B. 现金收款凭证

　　C. 现金付款凭证　　　　　　D. 银行存款付款凭证

29. 局部清查就是针对错误的数字抽查账目的方法，包括（　　）。

　　A. 差数法　　B. 尾数法　　C. 除2法　　D. 除9法

30. 账证核对是指对账簿记录与原始凭证、记账凭证的（　　）是否一致，记账方向是否相符。

　　A. 时间　　　　　　　　　　B. 凭证字号

　　C. 方式　　　　　　　　　　D. 内容

三、**判断题**（正确的请在题后括号中画"√"，错误的请在题后括号中画"×"。不判断、判断错误的均不得分）

1. 任何单位，对账工作应该每年至少进行一次。（　　）

2. 固定资产明细账不必每年更换，可以连续使用。（　　）

3. 账簿中的每一账页是账户的存在形式和载体，而账户是账簿的具体内容，因此，账户与账簿的关系是形式与内容的关系。（　　）

4. 会计账簿是指由一定格式账页组成，以会计凭证为依据，全面、系统、连续地记录各项经济业务的账簿。（　　）

5. 三栏式账簿是指具有日期、摘要、金额三个栏目格式的账簿。(   )

6. 凡是明细账都使用活页式账簿,以便于根据实际需要,随时添加空白账页。(   )

7. 启用订本式账簿,除在账簿扉页填列"账簿启用和经管人员一览表"外,还应从第一页到最后一页顺序编定页数,不得跳页、缺号。(   )

8. 各账户在一张账页记满时,应在该账页最后一行结出余额,并在"摘要"栏注明"转次页"字样。(   )

9. 登记账簿时,发生的空行、空页一定要补充书写,不得注销。(   )

10. 企业的序时账簿必须采用订本式账簿。(   )

11. 银行存款日记账是由出纳人员根据审核后的收款凭证、付款凭证逐日逐笔序时登记的账簿。(   )

12. 在会计核算中,既要求进行金额核算,又要求进行实物数量核算的各种财产物资,应使用数量金额式明细分类账。(   )

13. 使用活页式账页,应按账户顺序编号,并定期装订成册。已装订成册的活页账,应按实际使用的账页顺序编写页数。(   )

14. 备查账簿也称辅助账簿,是指对总账中未记录或记录不全的经济业务进行补充登记的账簿。(   )

15. 只需按月结计本期发生额,但不需结计本年累计发生额的账户,月末结账时,只需在最后一笔经济业务事项记录之下通栏划单红线,不需要再结计一次余额。(   )

16. 从银行提取现金的业务应同时根据库存现金收款凭证登记库存现金日记账和银行存款日记账。(   )

17. 出纳员应在现金日记账每笔业务登记完毕,即结出余额,并与库存现金进行核对。(   )

18. 在明细账的核算中，只需要进行金额核算的，必须使用三栏式明细账。（   ）

19. 账簿中书写的文字和数字上面要留有适当空距，一般应占格距的1/2，以便于发现错误时进行修改。（   ）

20. 无论分类账簿还是序时账簿，都需要以记账凭证作为记账依据。（   ）

21. 现金日记账和银行存款日记账必须定期结出余额。（   ）

22. 总账与明细账的平行登记中，"期间相同"是指对发生的经济业务在同一天登记总账与明细账。（   ）

23. 总分类账与明细分类账的登记应同时进行。（   ）

24. 会计账簿作为重要的经济档案，因保存期长，必须使用蓝色或黑色的笔书写。（   ）

25. 账账核对就是指企业银行存款日记账与银行对账单的核对。（   ）

26. 已经登记入账的记账凭证，在当年内发现填写错误时，可以用红字填写凭证冲销，同时再用蓝字重新填制一张更正的记账凭证。（   ）

27. 银行存款余额调节表只是为了核对账目，不能作为调整银行存款账面余额的原始凭证。（   ）

28. 办理月结，应在各账户最后一笔记录下面画一条通栏红线，在红线下计算出本月发生额及月末余额，并在摘要栏注明"本月合计"或"本月发生额及余额"字样，然后在下面再画一条蓝线。（   ）

29. 年度结账后，对于发生额很少的总账，不必更换新账簿。（   ）

30. 红字更正法，就是用红字书写编制一张与原来错误的记账凭证相同的凭证进行冲账的方法。（   ）

31. 会计科目和方向没有错误，所填金额小于应记的金额，导致账簿记录错误的，适用于划线更正法。（　　）

32. 记账凭证正确，登账时出现的文字错误，不能使用划线更正法进行更正。（　　）

33. 补充登记法适用于记账后，发现记账凭证应借、应贷的账户对应关系正确，但所记金额小于应记金额的情况。（　　）

34. 划线更正法是在错误的文字或数字上画一红线注销，然后在其上端用红字填写正确的文字或数字，并由记账人员加盖图章，以明确责任。（　　）

35. 每月将银行存款日记账的账面余额与银行对账单进行核对，是账实核对的主要内容之一。（　　）

四、计算分析题

大华公司2015年9月30日有关总账和明细账户的余额如下表：

账户	借或贷	余额	负债和所有者权益	借或贷	余额
库存现金	借	1 500	短期借款	贷	250 000
银行存款	借	800 000	应付票据	贷	25 500
其他货币资金	借	90 000	应付账款	贷	71 000
交易性金融资产	借	115 000	——丙企业	贷	91 000
应收票据	借	20 000	——丁企业	借	20 000
应收账款	借	75 000	预收账款	贷	14 700
——甲公司	借	80 000	——C公司	贷	14 700
——乙公司	贷	5 000	其他应收款	贷	12 000
坏账准备	贷	2 000	应交税费	贷	28 000
预付账款	借	36 100	长期借款	贷	506 000
——A公司	借	31 000	应付债券	贷	563 700
——B公司	借	5 100	其中一年到期的应付债券	贷	23 000

续表

账户	借或贷	余额	负债和所有者权益	借或贷	余额
其他应收款	借	8 500	实收资本	贷	4 040 000
原材料	借	774 400	盈余公积	贷	158 100
生产成本	借	265 400	利润分配	贷	1 900
库存商品	借	193 200	——未分配利润	贷	1 900
固定资产	借	2 888 000	本年利润	贷	36 700
累计折旧	贷	4 900			
在建工程	借	447 400			
资产合计		5 707 600	负债及所有者权益合计		5 707 600

则该公司2015年9月末资产负债表的下列报表项目金额为：

（1）货币资金

（2）应收账款

（3）预收账款

（4）应付债券

（5）未分配利润

【参考答案及解析】

一、单项选择题（每题的备选项中，只有一个符合题意的正确答案。多选、错选、不选均不得分）

1. C 【解析】在三栏式账户的余额栏前，印明余额方向的，不能在余额栏内登记负数余额。

2. D 【解析】一般情况下，固定资产的明细账采用卡片账。

3. D 【解析】本题应该用红字更正法更正，即红字借记"银行存款"，贷记"应收账款"，数额为15 000 - 1 500 = 13 500（元）。

4. C 【解析】账账核对是指核对不同会计账簿之间的账簿记录是否相符，主要包括四方面：

(1) 总账各账户的余额核对;

(2) 总账与明细账核对;

(3) 总账与日记账(序时账)核对;

(4) 会计部门财产物资明细账与财产物资保管和使用部门明细账的核对。

5. C 【解析】按照规定,文字和数字的书写不要占满格,一般应占格距的1/2;登记账簿要用蓝黑墨水或者碳素墨水书写,不得使用圆珠笔(银行的复写账簿除外)或者铅笔书写;可以按照红字冲账的记账凭证冲消错误记录;发生的空行、空页应画线注销或者注明"此行空白""此页空白"字样。

6. B 【解析】没有余额的账户,应当在"借或贷"等栏内写"平",并在余额栏内用"0"表示。

7. A 【解析】按照用途的不同,会计账簿分为序时账簿、分类账簿和备查账簿。

8. A 【解析】转账凭证不涉及银行存款,不登记银行存款日记账,库存现金收款凭证应该登记现金日记账,银行对账单只起对账作用,不作为登记账簿的依据。

9. B 【解析】银行存款日记账必须逐日逐笔登记,总账可以汇总登记,库存商品明细账也可以汇总登记。应付票据登记簿属于备查账,没有登记方面的要求。

10. C 【解析】选项A属于账证核对,选项B属于账账核对,选项D属于账实核对。注意:选项C的说法不正确,总账期末余额与其所属的明细账期末余额之间核对时,需要计算其所属的明细账期末余额的合计数,而现金日记账只有一个余额,不需要合计。

11. D 【解析】总分类账登记的依据和方法主要取决于所采用的账务处理程序,它可以根据记账凭证逐笔登记,也可以通过一定的汇总方式,先把各种记账凭证汇总编制成科目汇总表或汇总记账凭证,再据以登记。

12. B 【解析】收入、费用明细账一般均采用多栏式账簿。选项 A 应该采用三栏式账簿。选项 C、D 应该使用数量金额式账簿。

13. D 【解析】总分类账和现金、银行存款日记账都要采用订本账,选项 D 固定资产明细账一般采用卡片账。

14. B 【解析】选项 A 和选项 C 应该使用红字更正法,选项 D 应该使用补充登记法。

15. B 【解析】账簿中"日期"栏登记的时间应为编制记账凭证的日期。

16. D 【解析】备查账簿也称辅助账簿,是指对某些在序时账簿和分类账簿等主要账簿中都不予登记或登记不够详细的经济业务事项进行补充登记时使用的账簿。选项 D 已经在分类账中记录充分反映了,不需要建立备查账。

17. C 【解析】企业会计工作的流程是:经济业务发生,取得或填制原始凭证,用复式记账编制记账凭证标明会计分录,设置和登记会计账簿,编制会计报表,所以选项 C 正确。

18. D 【解析】账簿按格式不同分为:两栏式、三栏式、多栏式和数量金额式。

19. A 【解析】总分类账簿是根据一级会计科目设置的,用以总括反映经济业务的账簿。

20. C 【解析】"应交税费——应交增值税"明细账借贷方都有多个项目,所以应采用借方贷方多栏式。

21. D 【解析】采用补充登记法,是因为记账凭证上会计科目或记账方向正确,所记金额小于应记金额。

22. D 【解析】记账后在当年内发现记账凭证所记的会计科目错误,可以采用红字更正法。

23. B 【解析】特种日记账是用来核算和监督某一类型经济业务的发生和完成情况的账簿。

24. D 【解析】为了保持记录的连续性,在登记账簿的过程中,每一账页的最后一行及下一页第一行都要办理转页手续。

25. A 【解析】12月末的"本年累计"就是全年累计发生额,全年累计发生额下通栏画双红线。

26. B 【解析】年终结账时,将所有总账账户结出全年发生额和年末余额,在摘要栏内注明"本年合计"字样,并在合计数下通栏画双红线。

27. C 【解析】结账是指在会计期末对账簿记录进行的总结,也就是一定时期终了时。

28. B 【解析】各种备查账簿可以连续使用。

29. C 【解析】日记账应每年更换一次。

30. B 【解析】会计账簿未经单位负责人和会计机构负责人或者有关人员批准,非经管人员不可随意翻阅查看、摘抄和复制等,选项B错误。

二、多项选择题(每题的备选项中,有两个或两个以上符合题意的正确答案。多选、错选、少选不得分)

1. AC 【解析】账簿按其用途不同,可分为序时账簿、分类账簿和备查账簿三种。

2. BC 【解析】A应该采用画线更正法,D应该采用补充登记法。

3. BD 【解析】选项A应采用数量金额式明细账核算,选项C应采用多栏式明细账核算。

4. AB 【解析】根据"钱、账"分管的内部牵制原则,现金日记账和银行存款日记账应由专职的出纳人员登记和保管。

5. ABCD 【解析】该题针对"账实核对"知识点进行考核。

6. AB 【解析】序时账簿也称为日记账，是按照经济业务发生或完成时间的先后顺序逐日逐笔登记的账簿，现金日记账和银行存款日记账是典型的序时账簿。选项C、D属于分类账，分类账按照反映指标的详细程度分为总分类账簿（简称总账）和明细分类账簿（简称明细账）。

7. AB 【解析】备查账可以连续使用；会计账簿由本单位财务会计部门保管1年后，交由本单位档案管理部门保管。

8. CD 【解析】注意：在"本年累计"下面不一定画双红线，只有在12月末的"本年累计"下面才划双红线，因为12月末的"本年累计"就是全年累计发生额。

9. AD 【解析】选项A显然应该是答案。对于从银行提取现金的业务，按照规定只能编制银行存款付款凭证，此时应该根据银行存款付款凭证登记现金日记账的借方。所以，D也是答案。选项B、C可以作为银行存款日记账借方登记的依据。

10. BD 【解析】本题考核账簿的内容。多栏式明细分类账适用于收入、费用类科目的明细核算，所以选项A不正确；日记账可以采用三栏式也可以采用多栏式，所以选项C不正确。

11. ABCD 【解析】三栏式账簿是设有借方、贷方和余额三个基本栏目的账簿。各种日记账、总分类账以及资本、债权、债务明细账都可以采用三栏式账簿。

12. AC 【解析】现金日记账是比较重要的账簿，属于特种日记账，应该采用订本账，以避免账页的散失和抽换。

13. ABCD 【解析】错账的更正方法包括画线更正法、红字更正法和补充登记法。其中，红字更正法也叫红字冲账法。

14. ABC 【解析】对账的内容主要包括账证核对、账账核对、账实核对。

15. ABC 【解析】对于错误的数字，应当全部画红线更正，不得只更正其中的错误数字。

16. CD 【解析】现金日记账由出纳人员根据现金的收、付款凭证，逐日逐笔顺序登记。每日终了应结出当日现金收入、现金支出合计数及结余数，并将账面结存数与库存现金相核对，做到"随时发生随时登记，日清月结"。对于银行存款日记账，也应该在每日终了，应分别计算出当日银行存款收入、付出的合计数和账面结余额。

17. ABCD 【解析】按照账页格式的不同，会计账簿分为两栏式账簿、三栏式账簿、数量金额式账簿和多栏式账簿。

18. ACD 【解析】不同类型经济业务的明细分类账可根据管理需要，依据记账凭证、原始凭证或汇总原始凭证逐日逐笔登记或定期登记。选项B属于总分类账的登记依据。

19. ABCD 【解析】账页应该包括：（1）账户名称；（2）登记账簿的日期栏；（3）记账凭证的种类和号数栏；（4）摘要栏；（5）金额栏；（6）总页次和分户页次栏。

20. ACD 【解析】账簿按其外型特征可以分为订本式账簿、活页式账簿和卡片式账簿。备查账簿是按照用途来分类的。

21. BC 【解析】多栏式明细账适用于成本费用类科目的明细核算，选项B、C属于成本类科目。成本类科目包括制造费用、生产成本和劳务成本等。选项A、D应该采用数量金额式明细账。

22. ABD 【解析】12月末，结出全年累计发生额的，在下面通栏画双红线，而不是通栏画单红线。

23. AD 【解析】选项B、C不属于结账内容。

24. ABCD 【解析】账簿的设置和登记在会计核算中具有重要作用：记载和储存会计信息；分类和汇总会计信息；检查和校正会计信息；编报和输出会计信息。

25. BCD 【解析】本题考核会计账簿的更换。

26. AB 【解析】账簿的记账规则中明确规定，登记账簿应采用蓝黑墨水和碳素墨水，不得用圆珠笔和铅笔，因为账簿属于会计档案，圆珠笔和铅笔书写的内容易褪色，不便保存。

27. CD 【解析】经营租入设备和已贴现应收票据都不属于企业资产，不能在企业正式账簿登记，只能建立备查账簿登记。

28. BCD 【解析】现金日记账记录现金的收款、付款和结余情况，企业收到现金时一般填写现金收款凭证，付出现金时填写现金付款凭证，而从银行提取现金虽然也会收入现金，但为防止重复记账，只填写银行存款付款凭证。故答案为BCD。

29. ABCD 【解析】局部清查就是针对错误的数字抽查账目的方法，包括差数法、尾数法、除二法和除九法等具体方法。

30. ABD 【解析】本题考核账证核对的内容。账证核对是指核对账簿记录与原始凭证、记账凭证的时间、凭证字号、内容、金额是否一致，记账方向是否相符。

三、判断题（正确的请在题后括号中画"√"，错误的请在题后括号中画"×"。不判断、判断错误的均不得分）

1. √
2. √
3. √
4. × 【解析】会计账簿是指由一定格式账页组成，以通过审核的会计凭证为依据，全面、系统、连续地记录各项经济业务的账簿。
5. × 【解析】三栏式账簿是设有借方、贷方和余额三个基本栏目的账簿。
6. √

7. √

8. × 【解析】每一账页登记完毕结转下页时,应当结出本页合计数及余额,写在本页最后一行和下页第一行有关栏内,并在摘要栏内注明"过次页"和"承前页"字样;也可以将本页合计数及金额只写在下页第一行有关栏内,并在摘要栏内注明"承前页"字样,以保持账簿记录的连续性,便于对账和结账。

9. × 【解析】在登记各种账簿时,应按页次顺序连续登记,不得隔页、跳行。如无意发生隔页、跳行现象,应在空页、空行处用红色墨水画对角线注销,或者注明"此页空白"或"此行空白"字样,并由记账人员签名或者签章。

10. √

11. √

12. √

13. × 【解析】使用活页式账页,应当按账户顺序编号,并须定期装订成册;装订后再按实际使用的账页顺序编定页码,另加目录,记录每个账户的名称和页次。

14. × 【解析】备查账簿也称辅助账簿,是指对在日记账和分类账中未记录或记录不全的经济业务进行补充登记的账簿。

15. × 【解析】需要结计本月合计的账户月末结账时应在最后一笔业务之下结计"本月合计"。

16. × 【解析】是"银行存款付款凭证"。

17. × 【解析】现金日记账由出纳人员根据同现金收付有关的记账凭证,按时间顺序逐日逐笔进行登记,逐日结出现金余额,与库存现金实存数核对,以检查每日现金收付是否有误。

18. × 【解析】三栏式明细账适用于只需进行金额明细核算,而不需要进行数量核算的账户。但是费用类账户适用于多栏式明细账。

19. √

20. √

21. ×　【解析】现金日记账和银行存款日记账必须逐日结出余额。

22. ×　【解析】期间相同是指同一期间，而不是指同一天。

23. ×　【解析】总分类账与明细分类账的登记可以不同时进行，会计必须在同一会计期间进行登记。

24. ×　【解析】为了保持账簿记录的持久性，防止涂改，登记账簿必须使用蓝黑墨水或碳素墨水书写，不得使用圆珠笔（银行的复写账簿除外）或者铅笔书写。

25. ×　【解析】账账核对是指核对不同会计账簿之间的账簿记录是否相符。具体包括：（1）总分类账簿有关账户的余额核对；（2）总分类账簿与所属明细分类账簿核对；（3）总分类账簿与序时账簿核对；（4）明细分类账簿之间的核对。

26. √

27. √

28. ×　【解析】每月结账时，应在各账户本月份最后一笔记录下面画一条通栏红线，表示本月结束；然后，在红线下面结出本月发生额和月末余额，如果没有余额，在余额栏内写上"平"或"0"符号。同时，在摘要栏内注明"本月合计"或"×月份发生额及余额"字样，最后，再在下面画一条通栏红线，表示完成月结工作。

29. ×　【解析】一般来说，现金日记账、银行存款日记账、总分类账、大多数明细分类账应每年更换一次。

30. ×　【解析】本题说法不全面，红字更正法还包括记账凭证会计科目无误而所记金额大于应记金额时，按多记的金额用红字编制一张与原记账凭证应借、应贷科目完全相同的记账凭证，以冲

229

销多记的金额,并据以记账的方法。

31. ×　【解析】会计科目和方向没有错误,所填金额小于应记的金额,导致账簿记录错误的,适用于补充登记法。

32. ×　【解析】在结账前发现账簿记录有文字或数字错误,而记账凭证没有错误,可以采用划线更正法。

33. √

34. ×　【解析】采用划线更正法更正时,可在错误的文字或数字上画一条红线,在红线的上方填写正确的文字或数字,并由记账及相关人员在更正处盖章。对于错误的数字,应全部划红线更正,不得只更正其中的错误数字。对于文字错误,可只划去错误的部分。

35. √

四、计算分析题

【解析】(1) 货币资金 = 1 500 + 800 000 + 90 000 = 891 500 (元)

(2) 应收账款 = 80 000 − 2 000 = 78 000 (元)

(3) 预收账款 = 5 000 + 14 700 = 19 700 (元)

(4) 应付债券 = 563 700 − 23 000 = 540 700 (元)

(5) 未分配利润 = 1 900 + 36 700 = 38 600 (元)

第八章 账务处理程序

【考情分析】

学习本章内容时，要重点掌握几种常见的账务处理程序的一般步骤、特点、优缺点及适用范围。本章的主要内容有：记账凭证账务处理程序、汇总记账凭证账务处理程序、科目汇总表账务处理程序。

【知识结构图示】

```
            ┌ 账务处理程序概述 ┬ 账务处理程序的概念与意义
            │                └ 账务处理程序的种类
            │
            │ 记账凭证账务处理程序 ┬ 记账凭证账务处理程序的一般步骤
账务         │                    └ 记账凭证账务处理程序的内容
处理        ┤
程序         │                      ┌ 汇总记账凭证账务处理程序的编制方法
            │ 汇总记账凭证账务处理程序 ┼ 汇总记账凭证账务处理程序的一般步骤
            │                      └ 汇总记账凭证账务处理程序的内容
            │
            │                    ┌ 科目汇总表账务处理程序的编制方法
            └ 科目汇总表账务处理程序 ┼ 科目汇总表账务处理程序的一般步骤
                                 └ 科目汇总表账务处理程序的内容
```

【本章知识要点】

第一节 账务处理程序概述

一、账务处理程序的概念与意义

账务处理程序，又称会计核算组织程序或会计核算形式，是指会计凭证、会计账簿、财务报表相结合的方式，包括账簿组织和记账程序。账簿组织是指会计凭证和会计账簿的种类、格式，会计凭证与账簿之间的联系方法；记账程序是指由填制、审核原始凭证到填制、审核记账凭证，登记日记账、明细分类账和总分类账，编制财务报表的工作程序和方法等。

科学、合理地选择账务处理程序的意义主要有：(1)有利于规范会计工作，保证会计信息加工过程的严密性，提高会计信息质量；(2)有利于保证会计记录的完整性和正确性，增强会计信息的可靠性；(3)有利于减少不必要的会计核算环节，提高会计工作效率，保证会计信息的及时性。

二、账务处理程序的种类

企业常用的账务处理程序主要有记账凭证账务处理程序、汇总记账凭证账务处理程序和科目汇总表账务处理程序等。它们之间的主要区别为登记总分类账的依据和方法不同。

(一) 记账凭证账务处理程序

记账凭证账务处理程序是指对发生的经济业务，先根据原始凭证或汇总原始凭证填制记账凭证，再直接根据记账凭证登记总分类账的一种账务处理程序。

(二) 汇总记账凭证账务处理程序

汇总记账凭证账务处理程序是指先根据原始凭证或汇总原始凭证填制记账凭证，定期根据记账凭证分类编制汇总收款凭证、汇总付款凭证和汇总转账凭证，再根据汇总记账凭证登记总分类账的一种账务处理程序。

(三) 科目汇总表账务处理程序

科目汇总表账务处理程序，又称记账凭证汇总表账务处理程序，是指根据记账凭证定期编制科目汇总表，再根据科目汇总表登记总分类账的一种账务处理程序。

【经典例题·单选】采用科目汇总表账务处理程序，(　　)是其登记总账的直接依据。

A. 汇总记账凭证　　　　　　B. 科目汇总表

C. 记账凭证 D. 原始凭证

【答案】B

【解析】科目汇总表账务处理程序又称记账凭证汇总表账务处理程序，科目汇总表是登记总账的直接依据。

第二节 记账凭证账务处理程序

一、记账凭证账务处理程序的一般步骤

记账凭证账务处理程序的一般步骤是：

（1）根据原始凭证填制汇总原始凭证；

（2）根据原始凭证或汇总原始凭证，填制记账凭证；

（3）根据收款凭证、付款凭证逐笔登记库存现金日记账和银行存款日记账；

（4）根据原始凭证、汇总原始凭证和记账凭证，登记各种明细分类账；

（5）根据记账凭证逐笔登记总分类账；

（6）期末，将库存现金日记账、银行存款日记账和明细分类账的余额与有关总分类账的余额核对相符；

（7）期末，根据总分类账和明细分类账的记录，编制财务报表。

二、记账凭证账务处理程序的内容

1. 记账凭证账务处理程序的特点

记账凭证账务处理程序的特点是直接根据记账凭证对总分类账进行逐笔登记。

2. 记账凭证账务处理程序的优缺点

（1）优点：直接根据记账凭证登记总账，简单明了，易于理解，总分类账可以较详细地反映经济业务的发生情况。

（2）缺点：登记总分类账的工作量较大。对于经济业务较多，

经营规模较大的企业，总分类账的登记工作过于繁重。

3．记账凭证账务处理程序的适用范围

由于记账凭证账务处理程序登记总账的工作量较大，因此一般只适用于规模较小、经济业务量较少的单位。

【经典例题·单选】记账凭证账务处理程序是一种基本的处理程序，其优点很多，但对于经济业务多的企业，采用该方法的缺点是（　　）。

A．记账工作量大　　　　　　B．不利于会计核算的分工
C．不便于查对账目　　　　　D．不利于理解

【答案】A

【解析】记账凭证账务处理程序的缺点是：登记总分类账的工作量较大。该账务处理程序适用于规模较小、经济业务量较少的单位。

第三节　汇总记账凭证账务处理程序

一、汇总记账凭证账务处理程序的编制方法

汇总记账凭证是在填制的各种专用记账凭证的基础上，按照一定的方法进行汇总编制而成的。汇总记账凭证分为汇总收款凭证、汇总付款凭证和汇总转账凭证三种，每种凭证汇总编制的方法各有所不同。

二、汇总记账凭证账务处理程序的一般编制步骤

（1）根据原始凭证编制原始凭证汇总表。

（2）根据原始凭证或原始凭证汇总表填制记账凭证。

（3）根据收款凭证、付款凭证登记现金日记账和银行存款日记账。

（4）根据原始凭证、汇总原始凭证或记账凭证登记各种明细分类账。

（5）根据各种记账凭证分别汇总编制各种汇总记账凭证。

(6) 根据各种汇总记账凭证登记总分类账。

(7) 期末,将现金日记账、银行存款日记账和各种明细分类账的余额与总分类账有关账户的余额相核对。

(8) 期末,根据总分类账和明细分类账的资料编制会计报表。

三、汇总记账凭证账务处理程序的内容

1. 汇总记账凭证账务处理程序的特点

汇总记账凭证账务处理程序的特点是先根据记账凭证编制汇总记账凭证,再根据汇总记账凭证登记总分类账。

2. 汇总记账凭证账务处理程序的优缺点

(1) 优点。汇总记账凭证账务处理程序的优点是减轻了登记总分类账的工作量。

(2) 缺点。缺点是当转账凭证较多时,编制汇总转账凭证的工作量较大,并且按每一贷方账户编制汇总转账凭证,不利于会计核算的日常分工。

3. 汇总记账凭证账务处理程序的适用范围

由于汇总记账凭证账务处理程序具有能够清晰地反映账户之间的对应关系和能够减轻登记总分类账的工作量等优点,它一般只适用于规模较大、经济业务较多、编制专用记账凭证的单位。

【经典例题·单选】关于汇总记账凭证,下列表述正确的是(   )。

A. 汇总记账凭证是一种原始凭证

B. 汇总记账凭证能起到试算平衡的作用

C. 汇总记账凭证反映了账户之间的对应关系

D. 汇总记账凭证可以详细反映经济业务的发生情况

【答案】C

【解析】汇总记账凭证是按照账户的对应关系编制的,能清楚

地反映交易、事项的来龙去脉。

第四节 科目汇总表账务处理程序

一、科目汇总表账务处理程序的编制方法

根据一定时间内的全部记账凭证，按照相同的会计科目归类，定期汇总出每一个会计科目的借方本期发生额和贷方本期发生额并填写在科目汇总表的相关栏内。

任何格式的科目汇总表，都只反映各个会计科目的借方本期发生额和贷方本期发生额，不反映各个会计科目的对应关系。

二、科目汇总表账务处理程序一般步骤

（1）根据原始凭证填制汇总原始凭证；

（2）根据原始凭证或汇总原始凭证填制记账凭证；

（3）根据收款凭证、付款凭证逐笔登记库存现金日记账和银行存款日记账；

（4）根据原始凭证、汇总原始凭证和记账凭证，登记各种明细分类账；

（5）根据各种记账凭证编制科目汇总表；

（6）根据科目汇总表登记总分类账；

（7）期末，将库存现金日记账、银行存款日记账和明细分类账的余额同有关总分类账的余额核对相符；

（8）期末，根据总分类账和明细分类账的记录，编制财务报表。

【经典例题·多选】关于科目汇总表账务处理程序，下列说法中正确的有（　　）。

A. 总账登记的工作量可以大大减轻

B. 简明易懂，方便易学

C. 可以对发生额进行试算平衡，保证记账工作质量

D. 不便于查对账目

【答案】ABCD

【解析】选项 ABC 是科目汇总表账务处理程序的优点，选项 D 是它的缺点。

三、科目汇总表账务处理程序的内容

1. 科目汇总表账务处理程序的特点

科目汇总表账务处理程序的特点是：定期先将所有记账凭证汇总编制成科目汇总表，然后以科目汇总表为依据登记总分类账。

2. 科目汇总表账务处理程序的优缺点

（1）科目汇总表账务处理的优点。可以减少登记总分类账的工作量，手续也比较简便；还起着试算平衡的作用。

（2）科目汇总表账务处理的缺点。只反映各科目的借方本期发生额和贷方本期发生额，不反映各科目的对应关系；不便于分析和检查经济业务的来龙去脉，不便于查对账目。

3. 科目汇总表账务处理程序的适用范围

科目汇总表账务处理程序账务处理轻松，又具有能够进行账户发生额的试算平衡、减轻总分类账登记的工作量等优点，一般适用于业务量较大、记账凭证较多的单位。

【题库·同步强化练习】

一、单项选择题（每题的备选项中，只有一个符合题意的正确答案。多选、错选、不选均不得分）

1. 各种账务处理程序之间的主要区别在于（　　）不同。

A. 登记总账的依据和方法　　B. 反映经济业务的内容

C. 企业的会计制度　　D. 所采用的会计核算方法

2. 直接根据记账凭证逐笔登记总分类账，这种账务处理程序是（　　）。

A. 记账凭证账务处理程序 B. 科目汇总表账务处理程序
C. 汇总记账凭证账务处理程序 D. 日记总账账务处理程序

3. 会计凭证方面，科目汇总表账务处理程序比记账凭证账务处理程序增设了（　　）。

A. 原始凭证汇总表 B. 汇总原始凭证
C. 科目汇总表 D. 汇总记账凭证

4. 既能汇总登记总分类账，减轻总账登记工作，又能明确反映账户对应关系，便于查账、对账的账务处理程序是（　　）。

A. 科目汇总表账务处理程序
B. 汇总记账凭证账务处理程序
C. 多栏式日记账账务处理程序
D. 日记账账务处理程序

5. 汇总记账凭证账务处理程序适用于（　　）的单位。

A. 规模较小，业务量较少 B. 规模较大，业务量较多
C. 规模较大，业务量较少 D. 规模较小，业务量较多

6. 科目汇总表账务处理程序的缺点是（　　）。

A. 不利于会计核算分工 B. 不能进行试算平衡
C. 反映不出账户的对应关系 D. 会计科目数量受限制

7. 在汇总记账凭证账务处理程序下，记账凭证和账簿的设置与记账凭证账务处理程序基本相同，但要另外设置（　　）。

A. 原始凭证汇总表 B. 记账凭证汇总表
C. 日记总账 D. 汇总记账凭证

8. 在科目汇总表账务处理程序下，登记总分类账的依据是（　　）。

A. 记账凭证 B. 科目汇总表
C. 汇总记账凭证 D. 原始凭证

9. 科目汇总表账务处理程序和汇总记账凭证账务处理程序的

主要相同点是（　　）。

　　A. 记账凭证汇总的方法相同

　　B. 登记总账的依据相同

　　C. 会计凭证的种类相同

　　D. 记账凭证都需要汇总并且记账步骤相同

　　10. 汇总记账凭证账务处理程序的特点，是根据（　　）登记总账。

　　A. 记账凭证　　　　　　　B. 汇总记账凭证

　　C. 科目汇总表　　　　　　D. 多栏式日记账

　　11. 汇总转账凭证是指按（　　）分别设置，用来汇总一定时期转账业务的一种汇总记账凭证。

　　A. 每一个借方科目

　　B. 每一个非库存现金、银行存款科目

　　C. 每一个贷方科目

　　D. 银行存款

　　12. 在会计核算中填制和审核会计凭证、根据会计凭证登记账簿、根据账簿记录编制会计报表，这个过程的步骤以及三者的结合方式称为（　　）。

　　A. 会计凭证传递　　　　　B. 会计账簿组织

　　C. 会计工作组织　　　　　D. 账务处理程序

　　13. 在下列账务处理程序中，最基本的账务处理程序是（　　）。

　　A. 日记总账账务处理程序

　　B. 记账凭证账务处理程序

　　C. 科目汇总表账务处理程序

　　D. 汇总记账凭证账务处理程序

　　14. 科目汇总表账务处理程序适用于（　　）。

　　A. 规模较小、业务较少的单位

B. 所有单位

C. 规模较大、业务较多的单位

D. 工业企业

15. 记账凭证账务处理程序一般适用于（　　）。

A. 规模较大、经济业务比较复杂的企业

B. 规模不大、但经济业务比较复杂的企业

C. 规模不大、经济业务比较少的企业

D. 工业企业和商品流通业

二、多项选择题（每题的备选项中，有两个或两个以上符合题意的正确答案。多选、错选、少选不得分）

1. 各种账务处理程序的基本相同点有（　　）。

A. 填制记账凭证的依据相同

B. 登记明细账的依据和方法相同

C. 登记总分类账的依据和方法相同

D. 编制会计报表的依据和方法相同

2. 有关记账凭证账务处理程序的说法正确的有（　　）。

A. 缺点是登记总分类账的工作量较大

B. 优点是简单明了，易于理解

C. 适用于规模较小、经济业务量较少的单位使用

D. 能进行试算平衡

3. 有关科目汇总表账务处理程序的说法正确的有（　　）。

A. 减少了登记总分类账的工作量

B. 可做到试算平衡

C. 不能反映账户之间的对应关系，不便于查核账目

D. 是最简单的账务处理程序

4. 在汇总记账凭证账务处理程序下，应设置（　　）等。

A. 收款凭证、付款凭证和转账凭证

B. 汇总收款凭证、汇总付款凭证和汇总转账凭证

C. 库存现金和银行存款日记账

D. 总分类账

5. 汇总记账凭证账务处理程序的优点包括（　　）。

A. 便于会计核算的日常分工

B. 便于了解账户之间的对应关系

C. 减轻了登记总分类账的工作量

D. 便于试算平衡

6. 科目汇总表账务处理程序的主要特点包括（　　）。

A. 直接根据记账凭证登记总账

B. 直接根据记账凭证登记明细账

C. 定期编制科目汇总表

D. 根据科目汇总表登记总账

7. 记账凭证账务处理程序的优点主要有（　　）。

A. 简单明了、手续简便

B. 便于了解账户之间的对应关系

C. 减轻了登记总分类账的工作量

D. 适用于规模较小、业务量较少、记账凭证不多的单位

8. 采用科目汇总表账务处理程序时，月末应将（　　）与总分类账进行核对。

A. 银行存款日记账　　　　B. 现金日记账

C. 明细分类账　　　　　　D. 汇总记账凭证

9. 在不同账务处理程序下，下列可以作为登记总分类账依据的有（　　）。

A. 记账凭证　　　　　　　B. 科目汇总表

C. 汇总记账凭证　　　　　D. 汇总原始凭证

10. 采用汇总记账凭证核算程序，转账凭证的会计分录应为（　　）。

　　A. 一借多贷　　　　　　　　B. 多借多贷

　　C. 一借一贷　　　　　　　　D. 一贷多借

11. 能够起到简化登记总分类账工作的账务处理程序的有（　　）。

　　A. 汇总记账凭证账务处理程序

　　B. 记账凭证账务处理程序

　　C. 科目汇总表账务处理程序

　　D. 日记总账账务处理程序

12. 在科目汇总表账务处理程序下，应设置（　　）等。

　　A. 现金日记账和银行存款日记账

　　B. 科目汇总表

　　C. 总分类账

　　D. 汇总收款凭证

13. 汇总记账凭证一般分为（　　）。

　　A. 汇总收款凭证　　　　　　B. 汇总付款凭证

　　C. 原始凭证汇总表　　　　　D. 汇总转账凭证

14. 不同账务处理程序所具有的相同之处有（　　）。

　　A. 编制记账凭证的直接依据相同

　　B. 编制会计报表的直接依据相同

　　C. 登记明细分类账簿的直接依据相同

　　D. 登记总分类账簿的直接依据相同

15. 在科目汇总表核算程序下，月末应将（　　）与总分类账进行核对。

　　A. 现金日记账　　　　　　　B. 银行存款日记账

　　C. 明细分类账　　　　　　　D. 备查账

三、判断题（正确的请在题后括号中画"√"，错误的请在题后括号中画"×"。不判断、判断错误的均不得分）

1. 科目汇总表账务处理程序不能反映各科目的对应关系，不便于查对账目，但汇总记账凭证账务处理程序可以克服科目汇总表账务处理程序的这个缺点。（　　）

2. 会计凭证、会计账簿和会计报表之间不同的结合方式，构成不同的账务处理程序。（　　）

3. 各种账务处理程序之间的主要区别在于登记总账的依据和方法不同。（　　）

4. 在所有账务处理程序中，账簿组织是核心，会计凭证的种类、格式和填制方法都要与之相适应。（　　）

5. 科目汇总表账务处理程序，是以科目汇总表作为登记总账和明细账的依据。（　　）

6. 在汇总记账凭证账务处理程序下，记账凭证必须使用收、付、转三种格式，以便于进行汇总。（　　）

7. 科目汇总表不仅能起到试算平衡作用，而且可以反映账户之间的对应关系。（　　）

8. 记账凭证账务处理程序适用于规模较小、经济业务量较少的单位。（　　）

9. 汇总转账凭证是按每一贷方科目分别设置的记账凭证。（　　）

10. 在记账凭证账务处理程序下，需要设置银行存款日记账，一般采用三栏式、多栏式和数量金额式账页格式。（　　）

11. 在采用汇总记账凭证账务处理程序下，企业应定期分别编制汇总收款凭证、汇总付款凭证及汇总转账凭证。（　　）

12. 企业提高会计核算质量、充分发挥会计工作效能的一个重要前提，就是选用适当的账务处理程序。（　　）

13. 记账凭证账务处理程序的特点是直接根据每张记账凭证逐笔登记总分类账。（　　）

14. 在科目汇总表账务处理程序方式下，其记账凭证、账簿的设置与记账凭证账务处理程序是不相同的。（　　）

15. 采用科目汇总表账务处理程序，记账凭证必须使用收、付、转三种格式。（　　）

四、计算分析题

甲公司 2014 年 12 月 31 日部分账户余额资料如下：

账户名称	借方余额	贷方余额	账户名称	借方余额	贷方余额
应收账款	200 000		生产成本	60 000	
——A 公司	252 000		应付账款		320 000
——B 公司		52 000	——C 公司		330 000
坏账准备		7 000	——D 公司	10 000	
周转材料	31 000		预收账款		80 000
原材料	650 000		——E 公司		120 000
库存商品	28 000		——F 公司	40 000	
在途物资	76 000		利润分配		290 000

则甲公司 2014 年 12 月末资产负债表的下列报表项目金额为：

（1）应收账款

（2）预收账款

（3）存货

（4）应付账款

（5）预付账款

【参考答案及解析】

一、单项选择题（每题的备选项中，只有一个符合题意的正确答案。多选、错选、不选均不得分）

1. A 　【解析】各种账务处理程序之间的主要区别在于登记总

账的依据和方法不同。

2. A 【解析】记账凭证账务处理程序的主要特点是：根据原始凭证或汇总原始凭证编制记账凭证，然后直接根据记账凭证逐笔登记总分类账。

3. C 【解析】科目汇总表账务处理程序的特点是：根据记账凭证定期编制科目汇总表，再根据科目汇总表登记总分类账。

4. B 【解析】汇总记账凭证账务处理程序的优点是：减轻了登记总分类账的工作量，便于了解账户之间的对应关系。

5. B 【解析】汇总记账凭证账务处理程序适用于规模较大、经济业务较多的单位。

6. C 【解析】科目汇总表账务处理程序可以简化总分类账的登记工作，减轻了登记总分类账的工作量，并可做到试算平衡，简明易懂，方便易学。其缺点是：科目汇总表不能反映账户对应关系，不便于查对账目。

7. D 【解析】在汇总记账凭证账务处理程序下，除设置收款凭证、付款凭证和转账凭证以外，还应设置汇总收款凭证、汇总付款凭证和汇总转账凭证，作为登记总分类账的依据。

8. B 【解析】科目汇总表账务处理程序是根据科目汇总表登记总分类账的一种账务处理程序。

9. D 【解析】科目汇总表账务处理程序和汇总记账凭证账务处理程序的主要相同点是记账凭证都需要汇总并且记账步骤相同。

10. B 【解析】汇总记账凭证账务处理程序的特点是：根据原始凭证或汇总原始凭证编制记账凭证，定期根据记账凭证按分类编制汇总收款凭证、汇总付款凭证和汇总转账凭证，再根据汇总记账凭证登记总分类账。

11. C 【解析】汇总转账凭证是按每一个贷方科目分别设置的，用来汇总一定时期内转账业务的一种汇总记账凭证。

12. D 【解析】账务处理程序,也称会计核算组织程序或会计核算形式,是指会计凭证、会计账簿、会计报表相结合的方式。

13. B 【解析】记账凭证账务处理程序是会计核算中最基本的账务处理程序形式,其他几种账务处理程序都是以它为基础根据经济管理的需要发展而成的。

14. C 【解析】科目汇总表账务处理程序通常适用于规模较大、经济业务较多的单位。

15. C 【解析】记账凭证账务处理程序适用于规模较小、经济业务量较少的单位。

二、多项选择题(每题的备选项中,有两个或两个以上符合题意的正确答案。多选、错选、少选不得分)

1. ABD 【解析】各种账务处理程序填制记账凭证的依据相同,都是原始凭证;登记明细账的依据和方法相同,都是原始凭证、汇总原始凭证和记账凭证;编制会计报表的依据和方法也相同,都是总分类账和明细分类账。不同的是登记总分类账的依据和方法。

2. ABC 【解析】记账凭证账务处理程序不能进行试算平衡。

3. ABC 【解析】科目汇总表账务处理程序不是最简单的账务处理程序,最基本的账务处理程序是记账凭证账务处理程序。

4. ABCD 【解析】本题考核汇总记账凭证账务处理程序。

5. BC 【解析】汇总记账凭证账务处理程序的优点是:减轻了登记总分类账的工作量,便于了解账户之间的对应关系。

6. CD 【解析】科目汇总表账务处理程序的特点是:根据记账凭证定期编制科目汇总表,再根据科目汇总表登记总分类账。

7. AD 【解析】记账凭证账务处理程序的优点是:直接根据记账凭证登记总账,简单明了,易于理解,适用于规模较小、经济业务量较少的单位。

8. ABC 【解析】采用科目汇总表账务处理程序时，月末应将银行存款日记账、现金日记账、明细分类账与总分类账进行核对。

9. ABC 【解析】记账凭证账务处理程序根据记账凭证逐笔登记总分类账；汇总记账凭证账务处理程序根据汇总记账凭证登记总分类账；科目汇总表账务处理程序根据科目汇总表登记总分类账。

10. CD 【解析】由于汇总转账凭证上的科目对应关系是一个贷方科目与一个或几个借方科目相对应的，因此，在这种核算形式下，为了便于填制汇总转账凭证，平时要求所有转账凭证也要按一个贷方科目与一个或几个借方科目相对应来编制，而不应编制一个借方科目与几个贷方科目相对应的转账凭证。

11. AC 【解析】能够起到简化登记总分类账工作的账务处理程序有汇总记账凭证账务处理程序和科目汇总表账务处理程序。

12. ABC 【解析】汇总收款凭证在汇总记账凭证账务处理程序下才需设置的。

13. ABD 【解析】汇总记账凭证根据审核无误的记账凭证定期编制汇总收款凭证、汇总付款凭证和汇总转账凭证。

14. ABC 【解析】三种账务处理程序下：都是根据原始凭证或汇总原始凭证，编制记账凭证，根据收款凭证、付款凭证逐笔登记现金日记账和银行存款日记账，期末根据总分类账和明细分类账的记录，编制会计报表。

15. ABC 【解析】在科目汇总表核算程序下，月末，现金日记账、银行存款日记账和明细分类账的余额同有关的总分类账进行核对。故选 ABC。

三、判断题（正确的请在题后括号中画"√"，错误的请在题后括号中画"×"。不判断、判断错误的均不得分）

1. √
2. √
3. √
4. √
5. × 【解析】根据原始凭证、汇总原始凭证和记账凭证，登记各种明细分类账；根据科目汇总表登记总分类账。
6. √
7. × 【解析】科目汇总表不能反映账户对应关系，不便于查对账目。
8. √
9. √
10. × 【解析】在记账凭证账务处理程序下，库存现金日记账、银行存款日记账、总分类账一般均采用三栏式账页，明细分类账则可以根据管理的需要分别采用三栏式、数量金额式和多栏式账页。
11. √
12. √
13. √
14. × 【解析】在科目汇总表账务处理程序下，其记账凭证、账簿的设置与记账凭证账务处理程序是相同的。
15. × 【解析】在科目汇总表账务处理程序下，记账凭证可以采用通用记账凭证格式，也可采用收款凭证、付款凭证和转账凭证等专用记账凭证格式。

四、计算分析题

"应收账款" = 252 000 + 40 000 - 7 000 = 285 000（元）

"预收账款" = 52 000 + 120 000 = 172 000（元）

"存货" = 31 000 + 650 000 + 28 000 + 76 000 + 60 000 = 845 000（元）

"应付账款" 期末贷方余额 330 000（元）

"预付账款" 期末余额 10 000（元）

第九章 财产清查

【考情分析】

从近年的考试看,主要以单选、多选、判断考核其基础理论知识,但财产清查结果的账务处理以计算分析题的形式进行考核。

【知识结构图示】

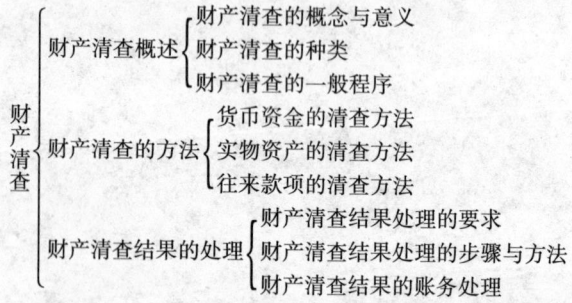

【本章知识要点】

第一节 财产清查概述

一、财产清查的概念与意义

1. 财产清查的概念

财产清查是指通过对货币资金、实物资产和往来款项等财产物资进行盘点或核对,确定其实存数,查明账存数与实存数是否相符的一种专门方法。

2. 财产清查的意义

企业应当建立健全财产物资清查制度,加强管理,以保证财产物资核算的真实性和完整性。具体而言,财产清查的意义主要有:(1)保证账实相符,提高会计资料的准确性;(2)切实保障各项财产物资的安全完整;(3)加速资金周转,提高资金使用效益。

二、财产清查的种类

(一) 按照清查范围分类

1. 全面清查

全面清查是指对所有的财产进行全面的盘点和核对。

【经典例题·单选】因企业合并、改制、重组进行的财产清查,应属于( )。

A. 重点清查　　　　　　　B. 全面清查
C. 局部清查　　　　　　　D. 定期清查

【答案】B

【解析】全面清查一般在以下几种情况下进行：(1)年终决算,编制年度会计报表前；(2)企业撤销、合并、分立或发生隶属改变关系时；(3)中外合资、国内联营；(4)开展清产核资；(5)单位主要负责人调离工作。

2. 局部清查

局部清查是指根据需要只对部分财产进行盘点和核对。

(二) 按照清查的时间分类

1. 定期清查

定期清查是指按照预先计划安排的时间对财产进行的盘点和核对。定期清查一般在年末、季末、月末进行。定期清查,可以是全面清查,也可以是局部清查。

2. 不定期清查

不定期清查是指事前不规定清查日期,而是根据特殊需要临时进行的盘点和核对。不定期清查,可以是全面清查,也可以是局部清查,应根据实际需要来确定清查的对象和范围。

(三) 按照清查的执行系统分类

1. 内部清查

内部清查是指由本单位内部自行组织清查工作小组所进行的财

产清查工作。大多数财产清查都是内部清查。

2. 外部清查

外部清查是指由上级主管部门、审计机关、司法部门、注册会计师根据国家有关规定或情况需要对本单位所进行的财产清查。一般来讲，进行外部清查时应有本单位相关人员参加。

三、财产清查的一般程序

（1）建立财产清查组织。财产清查应成立由会计部门牵头的财产清查组织，并配备专门的清查人员（应包括财产物资的保管人或使用人等相关责任人），以保证清查工作的顺利进行；

（2）组织清查人员学习有关政策规定，掌握有关法律、法规和相关业务知识，以提高财产清查工作的质量；

（3）确定清查对象、范围，明确清查任务；

（4）制定清查方案，具体安排清查内容、时间、步骤、方法，以及必要的清查前准备；

（5）清查时本着先清查数量、核对有关账簿记录等，后认定质量的原则进行；

（6）填制盘存清单；

（7）根据盘存清单填制《实物、往来账项清查结果报告表》。

【经典例题·多选】下列属于财产清查一般程序的有（　　）。

A. 组织清查人员学习有关政策规定

B. 确定清查对象、范围，明确清查任务

C. 制定清查方案

D. 填制盘存单和清查报告表

【答案】ABCD

【解析】财产清查一般包括以下程序：（1）建立财产清查组织；（2）组织清查人员学习有关政策规定，掌握有关法律、法规和相关业务知识,以提高财产清查工作的质量;(3)确定清查对象、范围,明确清查任务;(4)制定清查方案,具体安排清查内容、时间步骤、方法,以及必要的清查前准备;(5)清查时本着先清查数量、核对有关账簿记录等,后认定质量的原则进行;(6)填制盘存清单;(7)根据盘存单填制实物、往来款项清查结果报告。

第二节 财产清查的方法

一、货币资金的清查方法

货币资金的清查主要包括库存现金的清查和银行存款的清查。

(一)库存现金的清查

采用实地盘点的方法来确定库存现金的实存数,然后再与现金日记账的账面余额核对,以查明账实是否相符及盈亏情况。

现金的清查包括两种情况:一是由出纳人员每日清点库存现金实有数,并与现金日记账结余额相核对;二是由清查小组对库存现金进行定期或不定期清查。

【经典例题·单选】对现金清查采用的方法是( )。

A. 实地盘点法   B. 估算法
C. 推算   D. 抽样盘点法

【答案】A

【解析】采用实地盘点法清查现金。

(二)银行存款的清查

通过与开户银行转来的对账单进行核对,查明银行存款的实有数额。如果两者不符,可能双方账务记录有误。

【经典例题·判断】如果企业银行存款日记账余额与银行对账单余额相等,即说明不存在未达账项。( )

【答案】×

【解析】未达账项一般会造成银行和企业双方的银行存款不相

同,但也不排除相同的情况;另外双方还可能存在错记或者漏记的情况,需要全面考虑,不能武断。

【经典例题·判断】未达账项并非错账、漏账,应在银行存款余额调节表中进行调节,并据以进行账务处理。( )

【答案】×

【解析】未达账项形成的原因就是原始凭证在流转上存在时间差,也就是经济业务已经发生,但应该记账和处理的一方没有收到原始凭证,而不能做账务处理。

二、实物资产的清查方法

由于实物资产的形态、体积、重量、码放方式等不同。采用的清查方法也有所不同。主要有两种方法:

(一)实地盘点法

实地盘点法是指在财产物资存放现场逐一清点数量或用计量仪器确定其实存数的一种方法。这种方法计量准确、直观、适用范围较广,适用于容易清点或计量的财产物资以及现金等货币资金的清查。例如对原材料、包装物、库存商品、固定资产的清查。但工作量较大。

(二)技术推算法

技术推算法是指利用技术方法推算财产物资实存数的方法。这种方法适用于大量成堆难以逐一清点煤炭、砂石等大宗物资的清查。该方法盘点数字不够准确,但工作量较小。

三、往来款项的清查方法

往来款项主要包括应收账款、应付账款、暂收款等款项。往来款项的清查一般采用发函询证的方法进行核对,即对账单法。

【经典例题·多选】企业财产清查中,可以作为调整账簿记录的原始凭证的有( )。

A. 库存现金盘点报告表　　B. 银行存款余额调节表

C. 清查结果报告表　　　　D. 盘点报告表

【答案】ACD

【解析】"银行存款余额调节表"不作为原始凭证，应该等待未达账项凭证到来才能调账。

第三节　财产清查结果的处理

一、财产清查结果处理的要求

（1）查明差异性质，分析原因，提出处理建议。一般来说，个人原因造成的损失，应由个人赔偿；因管理不善原因造成的损失，应作为企业"管理费用"入账；因自然灾害造成的非常损失，列入企业的"营业外支出"。

（2）积极处理多余积压财产，清理长期拖欠的各项往来款项。

（3）总结经验教训，建立健全各项管理制度。

（4）及时调整账簿记录，保证账实相符。

企业会计人员对财产清查后账实不符的项目，会计部门有权处理的，要及时进行账务处理；对会计部门无权处理的，先放入"待处理财产损溢"科目，先保证账实相符，再报上级部门批准，待批准后，再做进一步会计处理。

【经典例题·多选】下列关于财产清查结果处理要求的表述中，正确的是（　　）。

A. 及时调整账簿记录，保证账实相符

B. 积极处理多余积压财产，清理往来款项

C. 总结经验教训，建立和健全各项管理制度

D. 分析产生差异的原因和性质并提出处理建议

【答案】ABCD

【解析】本题考查财产清查结果处理要求。

二、财产清查结果处理的步骤与方法

1. 审批之前的处理

对于财产清查结果的账务处理,审批前应先调整有关账面记录。设置"待处理财产损溢"账户,该账户属于资产类账户,具有双重性质,借方登记各项财产发生的盘亏、毁损数和批准处理财产盘盈的转销数;贷方登记各项财产发生的盘盈数和经批准的盘亏、毁损财产转销数;期末借方余额表示尚等处理的净损失,贷方余额表示尚待处理的净溢余。

根据"清查结果报告表""盘点报告表"等已经查实的数据资料,编制记账凭证,计入有关账簿,使账簿记录与实际盘存数相符,同时根据企业的管理权限,将处理建议报股东大会或董事会,或经理(厂长)会议或类似机构批准。

2. 审批之后的处理

根据审批的意见,进行差异处理,调整账项。

(1) 对于盘盈的固定资产以及无法查明原因的现金,报经批准后处理时借记"待处理财产损溢"科目,贷记"营业外收入"科目。

(2) 对于盘盈的流动资产(不含库存现金),报经批准后处理时借记"待处理财产损溢"科目,贷记"管理费用"科目。

(3) 对于盘亏的固定资产,报经批准后处理时贷记"待处理财产损溢"科目,借记"营业外支出"科目。

(4) 对于盘亏的现金,报经批准后处理时,贷记"待处理财产损溢"科目,属于将来可以收回的赔偿,借记"其他应收款"科目,属于无法查明原因的部分,借记"管理费用"科目(注意不是与盘盈中的"营业外收入"对应的"营业外支出")。

(5) 对于盘亏的流动资产(不含库存现金),经过批准后处理时,贷记"待处理财产损溢"科目,借方按照下列规定处理:对于能收回的残料价值,借记"原材料"科目;对于可以收回的保险赔偿和过失人的赔偿,计入"其他应收款"科目的借方;对于剩余的净损失,如果属于非常损失,则应该计入"营业外支出"科目借方,如果属于一般经营损失,则计入"管理费用"的借方。

【经典例题·单选】盘盈的存货批准后应冲减(　　)。

A. 管理费用　　B. 财务费用　　C. 原材料　　D. 库存商品

【答案】A

【解析】盘盈存货批准以后贷记"管理费用"科目。

三、财产清查结果的账务处理

(一) 设置"待处理财产损溢"账户

为了反映和监督企业在财产清查过程中查明的各种财产物资的盘盈、盘亏、毁损及其处理情况,应设置"待处理财产损溢"账户(但固定资产盘盈和毁损分别通过"以前年度损益调整""固定资产清理"账户核算)。该账户属于双重性质的资产类账户,下设"待处理流动资产损溢"和"待处理非流动资产损溢"两个明细分类账户进行明细分类核算。

该账户的借方登记财产物资的盘亏数、毁损数和批准转销的财产物资盘盈数;贷方登记财产物资的盘盈数和批准转销的财产物资盘亏及毁损数。企业清查的各种财产的盘盈、盘亏和毁损应在期末结账前处理完毕,所以"待处理财产损溢"账户在期末结账后没有余额。

【经典例题·单选】"待处理财产损溢"账户未转销的借方余额表示(　　)。

A. 等待处理的财产盘盈

B. 等待处理的财产盘亏

C. 尚待批准的财产盘盈数大于尚待批准处理的财产盘亏和毁损数的差额

D. 尚待批准的财产盘盈数小于尚待批准处理的财产盘亏和毁损数的差额

【答案】D

【解析】对于"待处理财产损溢"账户，盘盈，则记在该科目的贷方，相反，盘亏则记在该账户的借方，当借方发生额（盘亏数）大于贷方发生额（盘盈数）时，则该科目的余额在借方，表示尚待批准处理的财产盘盈数小于尚待批准处理的财产盘亏和毁损数的差额。

（二）库存现金清查结果的账务处理

1. 库存现金盘盈的账务处理

库存现金盘盈时，应及时办理库存现金的入账手续，调整库存现金账簿记录，即按盘盈的金额借记"库存现金"科目，贷记"待处理财产损溢——待处理流动资产损溢"科目。

对于盘盈的库存现金，应及时查明原因，按管理权限报经批准后，按盘盈的金额借记"待处理财产损溢——待处理流动资产损溢"科目，按需要支付或退还他人的金额贷记"其他应付款"科目，按无法查明原因的金额贷记"营业外收入"科目。

2. 库存现金盘亏的账务处理

库存现金盘亏时，应及时办理盘亏的确认手续，调整库存现金账簿记录，即按盘亏的金额借记"待处理财产损溢——待处理流动资产损溢"科目，贷记"库存现金"科目。

对于盘亏的库存现金，应及时查明原因，按管理权限报经批准后，按可收回的保险赔偿和过失人赔偿的金额借记"其他应收款"科目，按管理不善等原因造成净损失的金额借记"管理费用"科目，按自然灾害等原因造成净损失的金额借记"营业外支出"科目，按原计入"待处理财产损溢——待处理流动资产损溢"科目借方的金额贷记本科目。

(三) 存货清查结果的账务处理

1. 存货盘盈的账务处理

存货盘盈时，应及时办理存货入账手续，调整存货账簿的实存数。盘盈的存货应按其重置成本作为入账价值借记"原材料""库存商品"等科目，贷记"待处理财产损溢——待处理流动资产损溢"科目。

对于盘盈的存货，应及时查明原因，按管理权限报经批准后，冲减管理费用，即按其入账价值，借记"待处理财产损溢——待处理流动资产损溢"科目，贷记"管理费用"科目。

【经典例题·单选】盘盈的存货属于计量不准，按规定可冲减当期损益（　　）账户。

A. 财务费用　　　　　　　B. 待处理财产损溢
C. 管理费用　　　　　　　D. 营业外支出

【答案】C

【解析】存货盘盈因收发计量或核算上的误差等原因造成的，应冲减管理费用。

2. 存货盘亏的账务处理

存货盘亏时，应按盘亏的金额借记"待处理财产损溢——待处理流动资产损溢"科目，贷记"原材料""库存商品"等科目。材料、产成品、商品采用计划成本（或售价）核算的，还应同时结转成本差异（或商品进销差价）。涉及增值税的，还应进行相应处理。

对于盘亏的存货，应及时查明原因，按管理权限报经批准后，按可收回的保险赔偿和过失人赔偿的金额借记"其他应收款"科目，按管理不善等原因造成净损失的金额借记"管理费用"科目，按自然灾害等原因造成净损失的金额借记"营业外支出"科目，按原计入"待处理财产损溢——待处理流动资产损溢"科目借方的金额贷记本科目。

(四) 固定资产清查结果的账务处理

1. 固定资产盘盈的账务处理

企业在财产清查过程中盘盈的固定资产，经查明确属企业所有，按管理权限报经批准后，应根据盘存凭证填制固定资产交接凭证，经有关人员签字后送交企业会计部门，填写固定资产卡片账，并作为前期差错处理，通过"以前年度损益调整"科目核算。盘盈的固定资产通常按其重置成本作为入账价值借记"固定资产"科目，贷记"以前年度损益调整"科目。涉及增值税、所得税和盈余公积的，还应按相关规定处理。

2. 固定资产盘亏的账务处理

固定资产盘亏时，应及时办理固定资产注销手续，按盘亏固定资产的账面价值，借记"待处理财产损溢——待处理非流动资产损溢"科目，按已提折旧额，借记"累计折旧"科目，按其原价，贷记"固定资产"科目。涉及增值税和递延所得税的，还应按相关规定处理。

对于盘亏的固定资产，应及时查明原因，按管理权限报经批准后，按过失人及保险公司应赔偿额，借记"其他应收款"科目，按盘亏固定资产的原价扣除累计折旧和过失人及保险公司赔偿后的差额，借记"营业外支出"科目，按盘亏固定资产的账面价值，贷记"待处理财产损溢——待处理非流动资产损溢"科目。

(五) 结算往来款项盘存的账务处理

在财产清查过程中发现的长期未结算的往来款项，应及时清查。对于经查明确实无法支付的应付款项可按规定程序报经批准后，转作营业外收入。

对于无法收回的应收款项则作为坏账损失冲减坏账准备。坏账是指企业无法收回或收回的可能性极小的应收款项。由于发生坏账而产生的损失，称为坏账损失。

企业通常应将符合下列条件之一的应收款项确认为坏账：(1) 债务人死亡，以其遗产清偿后仍然无法收回；(2) 债务人破产，以其破产财产清偿后仍然无法收回；(3) 债务人较长时间内未履行其偿债义务，并有足够的证据表明无法收回或者收回的可能性极小。

企业对有确凿证据表明确实无法收回的应收款项，经批准后作为坏账损失。

对于已确认为坏账的应收款项，并不意味着企业放弃了追索权，一旦重新收回，应及时入账。

【经典例题·多选】下列关于结算往来款项盘存的账务处理表述中，正确的有（　　）。

A. 对于无法收回的应收款项作为坏账损失冲减坏账准备

B. 对于经查明确实无法支付的应付款项可按规定程序报经批准后，转作营业外收入

C. 对有确凿证据表明确实无法收回的应收款项，经批准后作为坏账准备

D. 对于已确认为坏账的应收款项，并不意味着企业放弃了追索权，一旦重新收回，应及时入账

【答案】ABCD

【解析】本题考查结算往来款项盘存的账务处理的基本内容。

【题库·同步强化练习】

一、单项选择题（每题的备选项中，只有一个符合题意的正确答案。多选、错选、不选均不得分）

1. 财产清查是对（　　）进行盘点和核对，确定其实存数，并查明其账存数与实存数是否相符的一种专门方法。

A. 存货   B. 固定资产

C. 货币资金   D. 各项资产

2. 因更换出纳员而对现金进行盘点和核对，属于（　　）。
   A. 全面清查和不定期清查　　B. 全面清查和定期清查
   C. 局部清查和不定期清查　　D. 局部清查和定期清查
3. 对现金和实物进行清查应采用的方法是（　　）。
   A. 实地盘点　　　　　　　　B. 永续盘存
   C. 盘存计耗　　　　　　　　D. 询证核对
4. 进行财产清查时，对大量成堆、难以逐一清点数量的财产物资，一般采用（　　）。
   A. 实地盘点法　　　　　　　B. 抽查检验法
   C. 技术推算盘点法　　　　　D. 询证核对法
5. 对于财产清查中所发现的财产物资盘盈、盘亏和毁损，财会部门进行账务处理依据的原始凭证是（　　）。
   A. 银行存款余额调节表　　　B. 账存实存对比表
   C. 盘存单　　　　　　　　　D. 入库单
6. 银行存款的清查一般采用（　　）法。
   A. 实地盘点　　　　　　　　B. 技术推算
   C. 核对账目　　　　　　　　D. 抽查盘点
7. 某企业原材料盘亏，现查明原因，属于定额内损耗，按照规定予以转销时，应编制的会计分录为（　　）。
   A. 借：待处理财产损溢　　　B. 借：待处理财产损溢
   　　　贷：原材料　　　　　　　　　贷：管理费用
   C. 借：管理费用　　　　　　D. 借：营业外支出
   　　　贷：待处理财产损溢　　　　　贷：待处理财产损溢
8. 存货盘盈，经批准后一般应作为（　　）处理。
   A. 营业外收入　　　　　　　B. 资本公积
   C. 冲减管理费用　　　　　　D. 投资收益
9. 由于保管人员的责任导致存货盘亏应当由其赔偿的部分，

可先计入（　　）账户。

　　A. 营业外支出　　　　　　B. 其他应收款

　　C. 管理费用　　　　　　　D. 营业外收入

10. 库存商品因管理不善盘亏，经批准核销时，应借记（　　）账户。

　　A. 管理费用　　　　　　　B. 营业外支出

　　C. 库存商品　　　　　　　D. 待处理财产损溢

11. 现金清查中无法查明原因的短款，经批准后计入（　　）。

　　A. 管理费用　　　　　　　B. 财务费用

　　C. 其他应收款　　　　　　D. 营业外支出

12. 以下项目中不是财产清查的基本程序的是（　　）。

　　A. 清查前的准备工作　　　B. 账项核对和实地盘点

　　C. 清查结果处理　　　　　D. 复查报告

13. 对于发生自然灾害或贪污盗窃受损的财产物资进行财产清查，通常采用（　　）。

　　A. 定期清查　　　　　　　B. 不定期清查

　　C. 集中清查　　　　　　　D. 分散清查

14. 由于非正常损失导致存货的盘亏一般应作为（　　）处理。

　　A. 营业外支出　　　　　　B. 财务费用

　　C. 管理费用　　　　　　　D. 坏账损失

15. 财产清查是通过实地盘点、查证核对来查明（　　）是否相符的一种方法。

　　A. 账证　　　B. 账账　　　C. 账实　　　D. 账表

16. 单位撤销、合并时，对财产物资应进行（　　）。

　　A. 全面清查　　　　　　　B. 局部清查

　　C. 抽样清查　　　　　　　D. 定期清查

17. "未达账项"是指企业与银行双方，由于凭证传递和入账时间不一致,而发生的( )。

　　A. 一方已入账,另一方未入账的款项

　　B. 双方登账出现的款项

　　C. 一方重复入账和款项

　　D. 双方均未入账的款项

18. 对贵重物资一般要经常进行( )清查,至少每月清查盘点一次。

　　A. 局部　　　B. 全面　　　C. 不定期　　　D. 非重点

19. 为了记录、反映财产物资的盘盈、盘亏和毁损情况,应当设置( )科目。

　　A. 固定资产清理　　　　B. 待处理财产损溢

　　C. 长期待摊费用　　　　D. 营业外支出

20. 财产清查按照( ),可以分为全面清查和局部清查。

　　A. 清查的时间　　　　B. 清查的方法

　　C. 清查的地点　　　　D. 清查的范围

二、多项选择题(每题的备选项中,有两个或两个以上符合题意的正确答案。多选、错选、少选不得分)

1. 财产清查按清查的时间分为( )。

　　A. 内部清查　　　　B. 定期清查

　　C. 不定期清查　　　　D. 外部清查

2. 实地盘点法可用于( )清查。

　　A. 实物　　　　B. 库存现金

　　C. 银行存款　　　　D. 往来款项

3. 局部清查是对一个单位的部分财产物资进行清查,对( )等财物,一般在年中应进行局部清查。

　　A. 产成品　　　　B. 贵重物品

C. 库存现金　　　　　　　　D. 机器设备

4. 银行存款的清查，需将（　　）进行相互逐笔核对。

A. 银行存款总账　　　　　　B. 银行对账单

C. 银行存款日记账　　　　　D. 支票登记簿

5. 未达账项包括（　　）。

A. 企业已记收，银行未记收的款项

B. 企业已记付，银行未记付的款项

C. 银行已记收，企业未记收的款项

D. 银行已记付，企业未记付的款项

6. 进行局部财产清查时，正确的做法包括（　　）。

A. 现金每月清点一次

B. 银行存款每月至少同银行核对一次

C. 贵重物品每月盘点一次

D. 债权债务每年至少核对一至两次

7. 下列清查事项中，属于不定期清查的有（　　）。

A. 发生意外灾害　　　　　　B. 清产核资前

C. 临时性检查　　　　　　　D. 货币资金的检查

8. 现金清查的内容主要包括（　　）。

A. 是否有未达账项　　　　　B. 是否有白条顶库

C. 是否超限额留存现金　　　D. 是否透支现金

9. 财产清查主要解决的问题有（　　）。

A. 确定单位财产物资的实存数和债权、债务的实际余额

B. 查明财产物资的实存数与账面数的差异及其产生的原因

C. 调整账目，达到账实相符

D. 不断发现和解决会计核算和会计管理方面的问题

10. 盘亏的存货在处理时，应分情况计入（　　）账户。

A. 营业外收入　　　　　　　B. 财务费用

C. 管理费用　　　　　　　　D. 其他应收款

11. 造成账实不符的原因包括（　　）。

A. 储存中发生自然损耗　　　B. 财产物资收发计量错误

C. 财产物资的毁损、被盗　　D. 账簿的漏记、重记

12. 财产清查按清查的对象和范围划分为（　　）。

A. 定期清查　　　　　　　　B. 不定期清查

C. 全面清查　　　　　　　　D. 局部清查

13. 下列情况中，（　　）需要进行全面财产清查。

A. 年终决算之前　　　　　　B. 清产核资

C. 单位撤销、合并　　　　　D. 资产重组或改变隶属关系

14. 以下情况中，宜采用局部清查的有（　　）。

A. 库存现金

B. 某些收发频繁、流动性较强的财产物资

C. 企业改为股份制企业

D. 各种债权债务

15. 对银行存款进行清查的方法是将企业银行存款日记账与银行对账单相核对，如果两者不符，其可能的原因有（　　）。

A. 企业账务记录有误　　　　B. 银行账务记录有误

C. 企业已记账，银行未记账　D. 银行已记账，企业未记账

16. 实物财产清查常用的方法有（　　）。

A. 实地盘点法　　　　　　　B. 抽查盘点法

C. 技术推算盘点法　　　　　D. 核对账目法

17. 下列项目可以采用实地盘点法的有（　　）。

A. 银行存款　　　　　　　　B. 固定资产

C. 应收账款　　　　　　　　D. 库存现金

18. 下列可作为原始凭证，据以调整账簿记录的有（　　）。

A. 现金盘点报告表　　　　　B. 银行存款余额调节表

C. 盘存单　　　　　　　　　　D. 账存实存对比表

19. 国家统一的会计制度和单位内部会计控制制度对于财产清查的结果处理的规定和要求是（　　）。

A. 分析产生差异的原因和性质，提出处理建议

B. 积极处理多余积压财产，清理往来款项

C. 总结经验教训，建立健全各项管理制度

D. 及时调整账簿记录，保证账实相符

20. 清查库存现金时，发现现金溢余，应（　　）。

A. 借记"待处理财产损溢——待处理流动资产损溢"

B. 贷记"待处理财产损溢——待处理流动资产损溢"

C. 贷记"现金"

D. 借记"现金"

三、判断题（正确的请在题后括号中画"√"，错误的请在题后括号中画"×"。不判断、判断错误的均不得分）

1. 库存现金的清查包括出纳人员每日清点核对和清查小组定期和不定期的清查。（　　）

2. 财产清查按照清查的执行系统，可分为内部清查和外部清查。（　　）

3. 经过银行存款余额调节表调节后的存款余额，是企业可动用的银行存款实有数。（　　）

4. 财产清查就是对各项实物资产进行定期盘点和核对。（　　）

5. 财产清查中，对于银行存款、一些贵重物资至少每月与银行或有关单位核对一次。（　　）

6. "银行存款余额调节表"编制完成后，可以作为调整企业银行存款余额的原始凭证。（　　）

7. 在实地盘存下，本期发出数 = 期初结存数 + 本期收入数 −

期末实存数。（   ）

8. 未达账项包括企业未收到凭证而未入账的款项和企业、银行都未收到凭证而未登记入账的款项。（   ）

9. 在进行库存现金和存货清查时，出纳人员和实物保管人员不得在场。（   ）

10. 非正常原因造成的存货盘亏损失经批准后应该计入营业外支出。（   ）

四、计算题

1. 某公司 2015 年 3 月末银行存款日记账余额 53 4751 元，银行对账单余额 518 951 元，经核对，发现以下未达账项：

（1）银行代企业支付本月电费 2 100 元，银行已记账，但企业因未收到银行付款通知单而未记账；

（2）企业委托银行代收货款 15 000 元，银行已收到并登记入账，但企业因未收到银行通知收款通知而未记账；

（3）企业开出转账支票支付修理费 1 300 元，并已记账，但持票人尚未到银行办理转账手续，银行未记账；

（4）企业收到转账支票一张，货款 30 000 元，并已记账，但银行尚未入账。

要求：根据上述资料，完成下列"银行存款余额调节表"的编制（在下表中空格中填入正确的数字）。

银行存款余额调节表
3 月 31 日   单位：元

项目	金额	项目	金额
企业银行存款日记账	534 751	银行对账单余额	518 951
加：银行已收，企业未收	（1）	加：企业已收，银行未收	（4）
减：银行已付，企业未付	（2）	减：企业已付，银行未付	1 300
调节后的存款余额	（3）	调节后的存款余额	（5）

2．（1）甲公司 2015 年 6 月 20 日至月末的银行存款日记账所记录的经济业务如下：

①20 日，开出转账支票 #0850 计 20 000 元，用以支付购料款。

②21 日，收到 A 公司开来的销货款转账支票 5 600 元。

③23 日，开出支票 #0851 计 1 000 元，支付购料的运杂费。

④26 日，开出支票 #0852 计 1 500 元，支付下半年的报刊杂志费。

⑤29 日，收到 D 公司开来的销货款现金支票 8 750 元。

⑥30 日，银行存款日记账的账面余额为 142 800 元。

（2）银行对账单所列甲公司 6 月 20 日至月末的经济业务如下：

①22 日，收到销售款转账支票 5 600 元。

②23 日，收到甲公司开出的支票#0850，金额为 20 000 元。

③25 日，收到甲公司开出的支票#0851，金额为 1 000 元。

④26 日，银行为甲公司代付本月电话费 3 250 元。

⑤29 日，为甲公司代收外地购货方回来的货款 3 865 元。

⑥30 日，结算银行借款利息 1 850 元。

⑦30 日，银行对账单的存款余额数为 134 315 元。

要求：根据上述资料，代甲公司完成以下银行存款余额调节表的编制。

银行存款余额调节表
2015 年 6 月   单位：元

项目	金额	项目	金额
企业银行存款日记账	142 800	银行对账单余额	134 315
加：银行已收，企业未收	（1）3 865	加：企业已收，银行未收	（4）8 750
减：银行已付，企业未付	（2）5 100	减：企业已付，银行未付	1 500
调节后的存款余额	（3）141 565	调节后的存款余额	（5）141 565

【参考答案及解析】

一、单项选择题（每题的备选项中，只有一个符合题意的正确答案。多选、错选、不选均不得分）

1. D 【解析】财产清查的范围包括企业的各项财产，而不是其中的某项财产。故答案为 D。

2. C 【解析】因更换出纳员而对现金进行盘点和核对，属于局部清查和不定期清查。

3. A 【解析】对现金和实物应采用实地盘点的方法进行清查。

4. C 【解析】技术推算盘点法是指利用技术方法推算财产物资实存数的方法。适用于煤炭、砂石等大宗物资的清查。

5. B 【解析】对各项财产物资的盘点结果，应逐一填制盘存单，并同账面余额记录核对，确认盘盈盘亏数，填制账存实存对比表，作为调整账面记录的原始凭证。

6. C 【解析】银行存款的清查是通过与开户银行转来的对账单进行核对，来查明银行存款的实有数额。

7. C 【解析】原材料盘亏属于一般经营损失部分，计入管理费用。

8. C 【解析】盘盈的财产，报经批准后处理时，对于流动资产的盘盈，借记"待处理财产损溢"科目，贷记"管理费用"科目。

9. B 【解析】对于流动资产的盘亏，应当先将可以收回的保险赔偿和过失人赔偿，借记"原材料""其他应收款"等科目。

10. A 【解析】企业盘亏的各种材料、库存商品，属于一般经营损失部分，借记"管理费用"科目，贷记"待处理财产损溢"科目。

11. A 【解析】现金清查中无法查明原因的短款,经批准后计入管理费用。

12. D 【解析】复查报告不属于财产清查的一般程序。

13. B 【解析】对于发生自然灾害或贪污盗窃受损的财产物资进行财产清查,通常采用不定期清查。

14. A 【解析】原材料盘亏属于非正常损失部分,借记"营业外支出"科目,贷记"待处理财产损溢"科目。

15. C 【解析】财产清查是通过实地盘点、查证核对来查明账实是否相符的一种方法。

16. A 【解析】需要进行全面清查的情况主要有:年终决算之前;单位撤销、合并或改变隶属关系前;中外合资、国内合资前;企业股份制改制前;开展全面的资产评估、清产核资前;单位主要领导调离工作前等。

17. A 【解析】未达账项是指企业与银行双方,由于凭证传递和入账时间不一致,而发生的一方已入账,另一方未入账的款项。

18. A 【解析】对贵重物资一般要经常进行局部清查,每月清查盘点一次。

19. B 【解析】为了记录、反映财产的盘盈、盘亏和毁损情况,应设置"待处理财产损溢"科目。

20. D 【解析】按清查的范围可分为全面清查和局部清查。

二、多项选择题(每题的备选项中,有两个或两个以上符合题意的正确答案。多选、错选、少选不得分)

1. BC 【解析】财产清查按清查的时间可分为定期清查和不定期清查。

2. AB 【解析】实地盘点法可用于实物和库存现金的清查;

银行存款和往来款项不采用实地盘点法。

3. ABCD 【解析】本题考查局部清查的范围。

4. BC 【解析】清查银行存款时,要将企业的银行存款日记账与银行定期送来的对账单进行逐笔核对,以查明账实是否相符。

5. ABCD 【解析】本题考查未达账项的内容。

6. BCD 【解析】局部清查一般包括下列清查内容:现金应每日清点一次,银行存款每月至少同银行核对一次,债权债务每年至少核对一至两次,各项存货应有计划、有重点地抽查,贵重物品每月清查一次等。

7. AC 【解析】发生意外灾害和临时性检查属于不定期清查。

8. BCD 【解析】是否有未达账项属于银行存款清查的内容。

9. ABCD 【解析】考查财产清查的重要意义。

10. CD 【解析】流动资产的盘亏,对于可以收回的保险赔偿和过失人赔偿,借记"其他应收款"科目;剩余净损失中,属于一般经济损失部分,借记"管理费用"科目。

11. ABCD 【解析】本题考查造成账实不符的原因。

12. CD 【解析】财产清查按清查的范围可分为全面清查和局部清查。

13. ABCD 【解析】本题考查需要全面财产清查的情况。

14. ABD 【解析】企业改为股份制企业应全面清查。

15. ABCD 【解析】本题考查企业银行存款日记账余额与银行对账单余额不一致的原因。

16. ABC 【解析】核对账目法通常用于银行存款的清查。

17. BD 【解析】往来款项的清查一般采用发函询证的方法进行核对。

18. AD 【解析】对各项财产物资的盘点结果,应逐一填制盘存单,并同账面余额记录核对,确认盘盈盘亏数,填制实存账存对比表,作为调整账面记录的原始凭证。

19. ABCD 【解析】对于财产清查结果的处理,国家会计制度和单位内部会计控制制度都有规定和要求,具体包括如下几个方面:

(1) 分析产生差异的原因和性质,提出处理建议。

(2) 积极处理多余积压财产,清理往来款项。

(3) 总结经验教训,建立健全各项管理制度。

(4) 及时调整账簿记录,保证账实相符。

故本题正确答案为 ABCD。

20. BD 【解析】清查库存现金时,发现现金溢余,则应借记"现金",贷记"待处理财产损溢——待处理流动资产损溢"。

三、判断题(正确的请在题后括号中画"√",错误的请在题后括号中画"×"。不判断、判断错误的均不得分)

1. √

2. √

3. √

4. × 【解析】本题的考点为财产清查的定义。财产清查是指对货币资金、实物资产和往来款项的盘点或核对,确定其实存数,查明账存数与实存数是否相符的一种专门方法。可以是定期清查也可以是不定期清查。

5. √

6. × 【解析】"银行存款余额调节表"不能作为调整企业银行存款余额的原始凭证,要等到有关的结算凭证到达后再做账务处理。

7. √

8. × 【解析】未达账项是指企业与银行之间，由于凭证传递上的时间差，一方已登记入账，而另一方因尚未收到凭证而未登记入账的款项。

9. × 【解析】在进行库存现金和存货清查时，出纳人员和实物保管人员必须在场，还要在盘点报告表上签章。

10. √

四、计算题

1.（1）银行已收，企业未收：企业委托银行代收款 15 000（元）

（2）银行已付，企业未付：银行代企业支付电费 2 100（元）

（3）调节后的余额 = 534 751 + 15 000 − 2 100 = 547 651（元）

（4）企业已收，银行未收：企业收到转账交易 30 000（元）

（5）调节后的余额 = 518 951 + 30 000 − 1 300 = 547 651（元）

2.（1）银行已收企业未收的款项合计 = 3 865（元）

（2）银行已付企业未付的款项合计 = 3 250 + 1 850 = 5 100（元）

（3）调整后的存款余额 = 142 800 + 3 865 − 5 100 = 141 565（元）

（4）企业已收，银行未收的款项合计 = 8 750（元）

（5）调整后的存款余额 = 134 315 + 8 750 − 5 100 = 141 565（元）

第十章 财务报表

【考情分析】

今年考试主要以单选、多选、判断考核基本理论知识，另外，各层次利润的计算也可以计算分析题的形式考核。本章的重点内容有：财务报表的概念与分类、资产负债表和利润表的列示要求和编制方法；资产负债表和利润表的作用。

【知识结构图示】

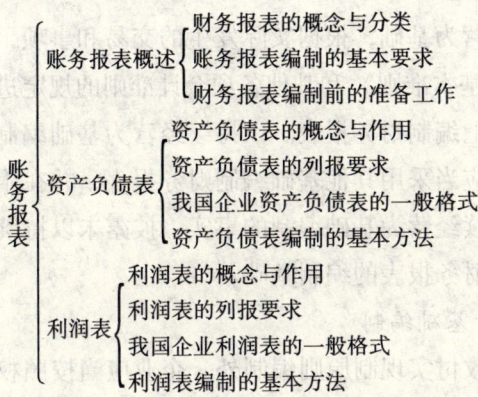

【本章知识要点】

第一节 财务报表概述

一、财务报表的概念与分类

（一）财务报表的概念

财务报表是对企业财务状况、经营成果和现金流量的结构性表述。财务报表至少应当包括下列组成部分：

（1）资产负债表；

（2）利润表；

(3) 现金流量表；

(4) 所有者权益变动表；

(5) 附注。

财务报表上述组成部分具有同等的重要程度。

(二) 财务报表的分类

财务报表可以按其编报期间不同分为中期财务报表和年度财务报表；按其编报主体不同分为个别财务报表和合并财务报表。

二、财务报表编制的基本要求

(一) 以持续经营为基础编制

企业应当以持续经营为基础，根据实际发生的交易和事项，按照《企业会计准则——基本准则》和其他各项会计准则的规定进行确认和计量，在此基础上编制财务报表。以持续经营为基础编制财务报表不再合理，企业应当采用其他基础编制财务报表，并在附注中声明财务报表未以持续经营为基础编制的事实、披露未以持续经营为基础编制的原因和财务报表的编制基础。

(二) 按正确的会计基础编制

除现金流量表按照收付实现制原则编制外，企业应当按照权责发生制原则编制财务报表。

(三) 至少按年编制财务报表

企业至少应当按年编制财务报表。年度财务报表涵盖的期间短于一年的，应当披露年度财务报表的涵盖期间、短于一年的原因以及报表数据不具可比性的事实。

(四) 项目列报遵守重要性原则

重要性，是指在合理预期下，财务报表某项目的省略或错报会影响使用者据此作出经济决策的，该项目具有重要性。

重要性应当根据企业所处的具体环境，从项目的性质和金额两方面予以判断，且对各项目重要性的判断标准一经确定，不得随意变更。判断项目性质的重要性，应当考虑该项目在性质上是否属于企业日常活动、是否显著影响企业的财务状况、经营成果和现金流量等因素；判断项目金额大小的重要性，应当考虑该项目金额占资产总额、负债总额、所有者权益总额、营业收入总额、营业成本总额、净利润、综合收益总额等直接相关项目金额的比重或所属报表单列项目金额的比重。

（五）保持各个会计期间财务报表项目列报的一致性

财务报表项目的列报应当在各个会计期间保持一致，除会计准则要求改变财务报表项目的列报或企业经营业务的性质发生重大变化后，变更财务报表项目的列报能够提供更可靠、更相关的会计信息外，不得随意变更。

（六）各项目之间的金额不得相互抵销

财务报表中的资产项目和负债项目的金额、收入项目和费用项目的金额、直接计入当期利润的利得项目和损失项目的金额不得相互抵销，但其他会计准则另有规定的除外。

一组类似交易形成的利得和损失应当以净额列示，但具有重要性的除外。

资产或负债项目按扣除备抵项目后的净额列示，不属于抵销。

非日常活动产生的利得和损失，以同一交易形成的收益扣减相关费用后的净额列示更能反映交易实质的，不属于抵销。

（七）至少应当提供所有列报项目上一个可比会计期间的比较数据

当期财务报表的列报，至少应当提供所有列报项目上一个可比会计期间的比较数据，以及与理解当期财务报表相关的说明，但其他会计准则另有规定的除外。

财务报表的列报项目发生变更的，应当至少对可比期间的数据按照当期的列报要求进行调整,并在附注中披露调整的原因和性质,以及调整的各项目金额。对可比数据进行调整不切实可行的,应当在附注中披露不能调整的原因。

(八)应当在财务报表的显著位置披露编报企业的名称等重要信息

企业应当在财务报表的显著位置(如表首)至少披露下列各项:(1)编报企业的名称;(2)资产负债表日或财务报表涵盖的会计期间;(3)人民币金额单位;(4)财务报表是合并财务报表的,应当予以标明。

【经典例题·判断】企业采用的账务处理程序不同,编制会计报表的依据也不相同。( )

【答案】×

【解析】账务处理程序影响的是编制总分类账的依据,不影响会计报表的编制依据。

三、财务报表编制前的准备工作

在编制财务报表前,需要完成下列工作:(1)严格审核会计账簿的记录和有关资料;(2)进行全面财产清查、核实债务,并按规定程序报批,进行相应的会计处理;(3)按规定的结账日进行结账,结出有关会计账簿的余额和发生额,并核对各会计账簿之间的余额;(4)检查相关的会计核算是否按照国家统一的会计制度的规定进行;(5)检查是否存在因会计差错、会计政策变更等原因需要调整前期或本期相关项目的情况等。

第二节 资产负债表

一、资产负债表的概念与作用

(一)资产负债表的概念

资产负债表是反映企业在某一特定日期的财务状况的财务

报表。

(二) 资产负债表的作用

资产负债表的作用主要有:(1)可以提供某一日期资产的总额及其结构,表明企业拥有或控制的资源及其分布情况;(2)可以提供某一日期的负债总额及其结构,表明企业未来需要用多少资产或劳务清偿债务以及清偿时间;(3)可以反映所有者所拥有的权益,据以判断资本保值、增值的情况以及对负债的保障程度。

二、资产负债表的列报要求

(一) 资产负债表列报总体要求

1. 分类别列报

资产负债表应当按照资产、负债和所有者权益三大类别分类列报。

2. 资产和负债按流动性列报

资产和负债应当按照流动性分别分为流动资产和非流动资产、流动负债和非流动负债列示。

3. 列报相关的合计、总计项目

资产负债表中的资产类至少应当列示流动资产和非流动资产的合计项目;负债类至少应当列示流动负债、非流动负债以及负债的合计项目;所有者权益类应当列示所有者权益的合计项目。

资产负债表应当分别列示资产总计项目和负债与所有者权益之和的总计项目,并且这二者的金额应当相等。

(二) 资产的列报

资产负债表中的资产类至少应当单独列示反映下列信息的项目:(1)货币资金;(2)以公允价值计量且其变动计入当期损益的金融资产;(3)应收款项;(4)预付款项;(5)存货;(6)被划分为持有待售的非流动资产及被划分为持有待售的处置组中的资

产；(7) 可供出售金融资产；(8) 持有至到期投资；(9) 长期股权投资；(10) 投资性房地产；(11) 固定资产；(12) 生物资产；(13) 无形资产；(14) 递延所得税资产。

（三）负债的列报

资产负债表中的负债类至少应当单独列示反映下列信息的项目：(1) 短期借款；(2) 以公允价值计量且其变动计入当期损益的金融负债；(3) 应付款项；(4) 预收款项；(5) 应付职工薪酬；(6) 应交税费；(7) 被划分为持有待售的处置组中的负债；(8) 长期借款；(9) 应付债券；(10) 长期应付款；(11) 预计负债；(12) 递延所得税负债。

（四）所有者权益的列报

资产负债表中的所有者权益类至少应当单独列示反映下列信息的项目：(1) 实收资本（或股本）；(2) 资本公积；(3) 盈余公积；(4) 未分配利润。

三、我国企业资产负债表的一般格式

资产负债表的格式主要有账户式和报告式两种，我国采用的是账户式。

(1) 报告式：将资产、负债和所有者权益项目按纵向顺序排列。

(2) 账户式：分左右两方，左方为资产项目，按资产的流动性大小排列；右方为负债及所有者权益项目，一般按求偿权先后顺序排列（例如：由于债权人的求偿权位于投资人之前，所以，负债位于所有者权益的上方）。

【经典例题·单选】关于资产负债表的格式，下列说法不正确的是（ ）。

A. 资产负债表主要有账户式和报告式

B. 我国的资产负债表采用报告式

C. 账户式资产负债表分为左右两方，左方为资产，右方为负债和所有者权益

D. 负债和所有者权益按照求偿权的先后顺序排列

【答案】B

【解析】本题的考点为资产负债表的格式。我国的资产负债表采用账户式。

四、资产负债表编制的基本方法

（一）"期末余额"栏的填列方法

资产负债表"期末余额"栏内各项数字，一般应根据资产、负债和所有者权益类科目的期末余额填列，具体方法如下：（1）根据一个或几个总账科目的余额填列；（2）根据明细账科目的余额计算填列；（3）根据总账科目和明细账科目的余额分析计算填列；（4）根据有关科目余额减去其备抵科目余额后的净额填列；（5）综合运用上述填列方法分析填列。

（二）"年初余额"栏的填列方法

本表的"年初余额"栏通常根据上年末有关项目的期末余额填列，且与上年末资产负债表"期末余额"栏一致。如果企业上年度资产负债表规定的项目名称和内容与本年度不一致，应当对上年年末资产负债表相关项目的名称和数字按照本年度的规定进行调整，填入"年初余额"栏。

【经典例题·判断】资产负债表中的"应收账款"项目，应根据"应收账款"账户和"预收账款"账户所属明细账户的期末借方余额合计数，减去"坏账准备"账户期末余额后的金额填列。（　　）

【答案】√

第三节 利润表

一、利润表的概念与作用

（一）利润表的概念

利润表是反映企业在一定会计期间的经营成果的财务报表。

（二）利润表的作用

利润表的作用主要有：（1）反映一定会计期间收入的实现情况；（2）反映一定会计期间的费用耗费情况；（3）反映企业经济活动成果的实现情况，据以判断资本保值增值等情况。

二、利润表的列报要求

利润表列报的基本要求如下：

（1）企业在利润表中应当对费用按照功能分类，分为从事经营业务发生的成本、管理费用、销售费用和财务费用等。

（2）利润表至少应当单独列示反映下列信息的项目，但其他会计准则另有规定的除外：①营业收入；②营业成本；③营业税金及附加；④管理费用；⑤销售费用；⑥财务费用；⑦投资收益；⑧公允价值变动损益；⑨资产减值损失；⑩非流动资产处置损益；⑪所得税费用；⑫净利润；⑬其他综合收益各项目分别扣除所得税影响后的净额；⑭综合收益总额。金融企业可以根据其特殊性列示利润表项目。

（3）其他综合收益项目应当根据其他相关会计准则的规定分为以后会计期间不能重分类进损益的其他综合收益项目和以后会计期间在满足规定条件时将重分类进损益的其他综合收益项目两类列报。

（4）在合并利润表中，企业应当在净利润项目之下单独列示归属于母公司所有者的损益和归属于少数股东的损益，在综合收益总额项目之下单独列示归属于母公司所有者的综合收益总额和归属于少数股东的综合收益总额。

三、我国企业利润表的一般格式

利润表的格式主要有多步式和单步式两种，我国采用多步式。

1. 单步式利润表

将本期所有收入加在一起，再将本期所有费用加在一起，两者相减，一次计算出本期的净利润。即本期净利润＝本期收入总额－本期费用总额。

2. 多步式利润表

财务报表列报准则规定，企业应当采用多步式列报利润表，将不同性质的收入和费用类进行对比，从而可以得出一些中间性的利润数据，便于使用者理解企业经营成果的不同来源。

四、利润表编制的基本方法

(一)"本期金额"栏的填列方法

"本期金额"栏根据"主营业务收入""主营业务成本""营业税金及附加""销售费用""管理费用""财务费用""资产减值损失""公允价值变动损益""投资收益""营业外收入""营业外支出""所得税费用"等科目的发生额分析填列。其中，"营业利润""利润总额""净利润"等项目根据该表中相关项目计算填列。

(二)"上期金额"栏的填列方法

"上期金额"栏应根据上年该期利润表"本期金额"栏内所列数字填列。如果上年该期利润表规定的各个项目的名称和内容同本期不一致，应对上年该期利润表各项目的名称和数字按本期的规定进行调整，填入利润表"上期金额"栏内。

【经典例题·判断】营业利润扣减掉管理费用、销售费用、财务费用和所得税费用后得到净利润。(　　)

【答案】×

【解析】以营业利润为基础，加上营业外收入，减去营业外支出，计算出利润总额；以利润总额为基础，减去所得税费用，计算出净利润（或净亏损）。

【经典例题·单选】利润表各项目数据来源于企业本期有关账户的（　　）。

A. 发生额　　　　　　　　　B. 期末余额

C. 发生额和期末余额　　　　D. 期初余额

【答案】A

【解析】利润表中，"本期金额"栏内的各项数据，一般应根据期末结转前各损益类账户本期发生额分析计算填列。

【题库·同步强化练习】

一、单项选择题（每题的备选项中，只有一个符合题意的正确答案。多选、错选、不选均不得分）

1. 编制静态报表的主要依据是（　　）。

A. 账户的期初余额　　　　　B. 账户的期末余额

C. 账户的借方发生额　　　　D. 账户的贷方发生额

2. 按《企业财务报告条例》规定，我国的资产负债表采用的是（　　）。

A. 账户式结构　　　　　　　B. 报告式结构

C. 多步式结构　　　　　　　D. 单步式结构

3. 编制动态报表的主要依据是（　　）。

A. 账户的期初余额　　　　　B. 账户的期末余额

C. 账户的本期发生额　　　　D. 账户的期初、期末余额

4. （　　）对本单位会计报表的真实性、完整性负责。

A. 编表人员　　　　　　　　B. 会计主管人员

C. 单位负责人 D. 财政部门

5. 下列资产负债表项目中，（ ）应根据相应总账账户期末余额直接填列。

A. 固定资产 B. 长期股权投资
C. 应收票据 D. 预付账款

6. 某企业期末"应收账款"账户为借方余额 207 000 元，其所属明细账户的借方余额合计为 280 000 元，所属明细账户贷方余额合计为 73 000 元，"坏账准备"账户贷方余额 1 000 元，其中针对应收账款的坏账准备为 680 元。则该企业资产负债表中"应收账款"项目的期末数应是（ ）。

A. 280 000 元 B. 279 320 元
C. 207 000 元 D. 206 320 元

7. 某企业期末"固定资产"账户借方余额为 200 万元，"累计折旧"账户贷方余额为 80 万元，"固定资产减值准备"账户贷方余额为 30 万元，"固定资产清理"账户为借方余额 2 万元。则该企业资产负债表中"固定资产"项目的期末数应是（ ）万元。

A. 202 B. 120 C. 92 D. 90

8. 全部损益账户的本月发生额如下：营业收入 800 万元，营业成本 500 万元，营业税金及附加 86 万元，销售费用 50 万元，管理费用 40 万元，财务费用 10 万元，营业外收入 5 万元，所得税费用 44 万元。则利润表中"净利润"项目的本月数为（ ）万元。

A. 75 B. 79 C. 114 D. 119

9. 部分账户的期末余额如下：库存现金 2 万元，银行存款 80 万元，其他货币资金 5 万元，应收账款 25 万元。则资产负债表中的"货币资金"项目应填列（ ）万元。

A. 82 B. 85 C. 87 D. 112

10. 全部损益账户的本月发生额如下：营业收入800万元，营业成本500万元，营业税金及附加86万元，销售费用50万元，管理费用40万元，财务费用10万元，营业外收入5万元，所得税费用44万元。则利润表中"营业利润"项目的本月数为（　　）万元。

A. 300　　　　B. 114　　　　C. 204　　　　D. 160

11. 在企业会计报表体系中居于主要地位的会计报表是（　　）。

A. 资产负债表　　　　　　B. 利润表
C. 现金流量表　　　　　　D. 所有者权益变动表

12. 编制资产负债表所依据的会计等式是（　　）。

A. 收入 – 费用 = 利润
B. 资产 = 负债 + 所有者权益
C. 借方发生额 = 贷方发生额
D. 期初余额 + 本期借方发生额 – 本期贷方发生额 = 期末余额

13. 资产负债表中资产的排列顺序是（　　）。

A. 项目重要性　　　　　　B. 项目流动性
C. 项目收益性　　　　　　D. 项目时间性

14. 可以反映企业的短期偿债能力和长期偿债能力的报表是（　　）。

A. 利润表　　　　　　　　B. 所有者权益变动表
C. 资产负债表　　　　　　D. 现金流量表

15. 资产负债表的下列项目中，必须根据总账科目和明细账科目两者的余额分析计算填列的是（　　）。

A. 短期借款　　　　　　　B. 长期借款
C. 应收账款　　　　　　　D. 应付账款

16.《小企业会计制度》规定，小企业年度财务会计报告可以不包括（　　）。

A. 资产负债表 B. 利润表
C. 现金流量表 D. 会计报表附注

17. 年度财务会计报告在每年度终了时编制，应于年度终了后（　　）内对外提供。

A. 15 日 B. 30 日 C. 2 个月 D. 4 个月

18. （　　）是反映企业经营成果的会计报表。

A. 资产负债表 B. 利润表
C. 现金流量表 D. 会计报表附注

19. 按照我国现行会计制度规定，企业每个（　　）都要编制资产负债表。

A. 月末 B. 季末 C. 半年度 D. 年末

20. 在利润表上，利润总额扣除（　　）后，得出净利润或净亏损。

A. 管理费用和财务费用 B. 增值税
C. 营业外收支净额 D. 所得税费用

21. 附注是指会计报表正式项目之外的资料，通常不采用（　　）的形式表示。

A. 数字图表 B. 文字
C. 表格 D. 文字加数字图表

22. 资产负债表中的负债项目是按负债的（　　）顺序排列的。

A. 流动性 B. 重要性 C. 变动性 D. 偿还期

23. 下列对资产流动性描述正确的是（　　）。

A. 库存现金的流动性强于固定资产
B. 交易性金融资产的流动性强于银行存款
C. 应收账款的流动性强于交易性金融资产
D. 固定资产的流动性强于银行存款

24. 资产负债表分为左右两方,左方是( )项目。
   A. 资产   B. 负债
   C. 所有者权益   D. 利润

25. 根据我国现行会计制度的规定,下列不属于财务会计报告组成部分的是( )。
   A. 会计报表   B. 会计报表附注
   C. 财务分析师报告   D. 财务情况说明书

二、多项选择题(每题的备选项中,有两个或两个以上符合题意的正确答案。多选、错选、少选不得分)

1. 根据我国会计准则的规定,下列属于年度财务会计报告组成部分的有( )。
   A. 资产负债表   B. 所有者权益变动表
   C. 利润表   D. 会计报表附注

2. ( )统称为中期报表。
   A. 月度报表   B. 季度报表
   C. 半年度报表   D. 年度报表

3. 资产负债表反映的经济内容是企业的财务状况,表现为( )。
   A. 资产状况   B. 权益状况
   C. 偿债能力   D. 财务成果

4. 资产负债表有( )两种基本格式。
   A. 账户式   B. 报告式
   C. 资产权益式   D. 收入费用式

5. 资产负债表左方反映的经济内容有( )。
   A. 流动负债   B. 流动资产
   C. 长期股权投资   D. 无形资产及其他资产

6. 下列属于企业应当在财务报表的显著位置至少披露的有（　　）。

　　A. 编报企业的名称

　　B. 人民币金额单位

　　C. 资产负债表日或财务报表涵盖的会计期间

　　D. 财务报表是合并财务报表的，应当予以标明

7. 财务会计报告可以提供企业（　　）的信息。

　　A. 财务状况　　　　　　　B. 经营成果

　　C. 劳动状况　　　　　　　D. 现金流量

8. 下列属于编制财务报表之前需完成的任务的有（　　）。

　　A. 检查相关的会计核算是否按照国家统一的会计制度的规定进行

　　B. 进行全面财产清查、核实债务，并按规定程序报批，进行相应的会计处理

　　C. 按规定的结账日进行结账，结出有关会计账簿的余额和发生额，并核对各会计账簿之间的余额

　　D. 检查是否存在因会计差错、会计政策变更等原因需要调整前期或本期相关项目的情况等

9. 负债一般分为（　　）。

　　A. 流动负债　　　　　　　B. 短期负债

　　C. 非流动负债　　　　　　D. 预计负债

10. 下列项目中，属于非流动负债的有（　　）。

　　A. 应付债券　　　　　　　B. 应付股利

　　C. 专项应付款　　　　　　D. 长期应付款

11. 资产负债表的下列项目中，需要根据总账科目余额减去其备抵项目后的净额填列的有（　　）。

　　A. 交易性金融资产　　　　B. 长期股权投资

C. 存货 D. 固定资产

12. 下列属于利润表包括的项目的有（   ）。
  A. 每股收益 B. 营业利润
  C. 利润总额 D. 净利润

13. 下列各项中，影响利润总额的有（   ）。
  A. 营业收入 B. 销售费用
  C. 营业外收入 D. 所得税费用

14. 资产负债表中"货币资金"项目的期末数，应根据（   ）账户期末余额的合计数填列。
  A. 其他应收款——备用金 B. 库存现金
  C. 其他货币资金 D. 银行存款

15. 借助于利润表提供的信息，可以帮助管理者（   ）。
  A. 分析企业资产的结构及其状况
  B. 分析企业的债务偿还能力
  C. 分析企业的获利能力
  D. 分析企业利润的未来发展趋势

三、判断题（正确的请在题后括号中画"√"，错误的请在题后括号中画"×"。不判断、判断错误的均不得分）

1. 年度财务报表至少应当包括资产负债表、利润表、现金流量表、所有者权益变动表和附注，上述五个部分具有同等重要的程度。（   ）

2. 财务报表是会计主体对外提供的反映某一会计期间的财务状况和某一特定日期的经营成果、现金流量等会计信息的文件。（   ）

3. 资产负债表中"固定资产"项目应根据"固定资产"账户余额直接填列。（   ）

4. 账户式资产负债表分左右两方，左方为资产项目，一般按照流动性大小排列；右方为负债及所有者权益项目，一般按要求偿还时间的先后顺序排列。（   ）

5. 资产负债表中的所有者权益内部各项目是按照流动性或变现能力排列。（   ）

6. 资产负债表是反映企业某一特定时期财务状况的会计报表。（   ）

7. 资产负债表的格式主要有账户式和报告式两种，我国采用的是报告式，因此才出现财务会计报告这个名词。（   ）

8. 资产负债表中资产类至少包括流动资产项目、长期投资项目和固定资产项目。（   ）

9. 资产负债表是总括反映企业特定日期资产、负债和所有者权益情况的静态报表，通过它可以了解企业的资产分布、资金的来源和承担的债务以及资金的流动性和偿债能力。（   ）

10. 净利润是指营业利润减去所得税费用后的金额。（   ）

11. 损益类科目用于核算收入、费用、成本的发生和归集，提供一定期间与损益相关的会计信息的会计科目。（   ）

12. 利润表的格式主要有多步式和单步式两种，我国采用多步式。（   ）

13. 利润表是反映企业在一定会计期间经营成果的报表，属于静态报表。（   ）

14. 我国利润表通常包括表头和表体两部分。表头应列明报表名称、编表单位名称、编制日期和金额计量单位等内容；利润表的表体，反映形成经营成果的各个项目和计算过程。（   ）

15. 利润表"上期金额"栏应根据上年该期利润表"本期金额"栏内所列数字填列。（   ）

四、计算分析题

已知甲公司2014年年末资产总额是年末流动资产的2倍,年末流动资产比年初流动资产多50 000元,年末流动负债比年初流动负债多40 000元,2014年年末的资产负债表(简表)如下:

资产负债表(简表)

编制单位:甲公司　　　2014年12月31日　　　　　　　单位:元

资产	年初数	年末数	负债及所有者权益	年初数	年末数
流动资产			流动负债		
货币资金	51 300	47 200	短期借款	20 000	50 000
应收账款	11 500	(1)	应付账款	6 500	18 500
其他应收款	1 000	1 200	应交税费	(4)	3 500
存货	234 200	185 800	流动负债合计	(5)	72 000
流动资产合计	298 000	(2)	非流动负债		
非流动资产			长期借款	100 000	100 000
固定资产	352 000	(3)	所有者权益		
			实收资本	500 000	500 000
			盈余公积	18 000	24 000
			所有者权益合计	518 000	524 000
资产合计	650 000	696 000	负债及所有者权益合计	650 000	696 000

【参考答案及解析】

一、单项选择题(每题的备选项中,只有一个符合题意的正确答案。多选、错选、不选均不得分)

1. B　【解析】编制静态报表的主要依据是账户的期末余额。
2. A　【解析】我国的资产负债表采用的是账户式结构。

3. C 【解析】编制动态报表的主要依据是账户的本期发生额。

4. C 【解析】单位负责人对本单位会计报表的真实性、完整性负责。

5. C 【解析】应收票据可以根据相应总账账户期末余额直接填列。

6. B 【解析】"应收账款"项目的期末数 = 280 000 − 680 = 279 320（元）。

7. D 【解析】"固定资产"项目的期末数 = 200 − 80 − 30 = 90（万元）。

8. A 【解析】"净利润"项目的本月数 = 800 − 500 − 86 − 50 − 40 − 10 + 5 − 44 = 75（万元）。

9. C 【解析】"货币资金"项目 = 2 + 80 + 5 = 87（万元）。

10. B 【解析】"营业利润"项目的本月数 = 800 − 500 − 86 − 50 − 40 − 10 = 114（万元）。

11. A 【解析】在企业会计报表体系中居于主要地位的会计报表是资产负债表。

12. B 【解析】编制资产负债表所依据的会计等式是：资产 = 负债 + 所有者权益。

13. B 【解析】资产一般按照流动资产、非流动资产分类并进一步分项列示。

14. C 【解析】可以反映企业的短期偿债能力和长期偿债能力的报表是资产负债表。

15. B 【解析】"长期借款"项目，需要根据"长期借款"总账科目余额扣除"长期借款"科目所属的明细科目中将在一年内到期的长期借款部分分析计算填列。

16. C 【解析】小企业的年度财务会计报告包括资产负债表、利润表和会计报表附注，可以根据需要选择是否编制现金流量表。

17. D 【解析】年度财务会计报告应于年度终了后4个月内对外提供,包括财务会计报告的全部内容。

18. B 【解析】利润表是反映企业经营成果的会计报表。

19. A 【解析】月度财务会计报告至少应当包括资产负债表和利润表。

20. D 【解析】净利润=利润总额-所得税费用。

21. C 【解析】附注是指会计报表正式项目之外的资料,通常不采用表格的形式表示。

22. D 【解析】资产负债表的负债及所有者权益项目,一般按求偿权先后顺序排列。

23. A 【解析】库存现金的流动性强于固定资产。

24. A 【解析】账户式资产负债表分左右两方,左方为资产项目,右方为负债及所有者权益项目。

25. C 【解析】财务分析师报告不属于财务报告的组成部分。

二、多项选择题(每题的备选项中,有两个或两个以上符合题意的正确答案。多选、错选、少选不得分)

1. ABCD 【解析】年度财务报表一般包括资产负债表、利润表、现金流量表、所有者权益变动表和附注等内容。

2. ABC 【解析】半年度、季度和月度财务会计报告统称为中期财务会计报告。

3. ABC 【解析】资产负债表可以反映企业资产、负债和所有者权益的全貌。

4. AB 【解析】资产负债表的格式主要有账户式和报告式两种。我国企业的资产负债表采用账户式结构。

5. BCD 【解析】账户式资产负债表分左右两方,左方为资产项目,按资产的流动性大小排列。

6. ABCD 【解析】题干所述均为在财务报表的显著位置披露的重要信息。

7. ABD 【解析】财务会计报告可以反映企业某一特定日期财务状况和某一会计期间经营成果、现金流量等会计信息的文件。

8. ABCD 【解析】本题考查财务报表编制前的准备工作相关知识。

9. AC 【解析】负债一般分为流动负债和非流动负债。

10. ACD 【解析】长期负债项目包括：长期借款、应付债券、长期应付款、专项应付款、预计负债、递延所得税负债和其他非流动负债等。

11. BCD 【解析】交易性金融资产根据总账科目余额填列。

12. ABCD 【解析】利润表包括的项目有营业成本、营业收入、营业利润、利润总额、净利润、每股收益、其他综合收益和综合收益总额等。

13. ABC 【解析】所得税费用不影响利润总额，它影响的是净利润。

14. BCD 【解析】"货币资金"项目，根据"库存现金""银行存款""其他货币资金"科目期末余额的合计数填列。

15. CD 【解析】本题的考点为利润表的意义。选项A、B是资产负债表的意义。

三、判断题（正确的请在题后括号中画"√"，错误的请在题后括号中画"×"。不判断、判断错误的均不得分）

1. √

2. × 【解析】财务报表是对企业财务状况、经营成果和现金流量的结构性表述。

3. × 【解析】资产负债表中"固定资产"项目应根据"固

定资产"账户余额减去"累计折旧""固定资产减值准备"等账户的期末余额后的金额填列。

4. √

5. ×　【解析】资产负债表中资产各项目是按照流动性的大小排列,负债和所有者权益项目是按照求偿时间先后顺序排列。

6. ×　【解析】资产负债表是反映企业某一特定日期财务状况的会计报表。

7. ×　【解析】资产负债表的格式主要有账户式和报告式两种,我国采用的是账户式。财务会计报告和资产负债表不是同一个概念,后者只是前者的一部分。

8. ×　【解析】资产负债表中资产类至少包括流动资产项目、长期投资项目、固定资产项目和无形资产及其他资产项目。

9. √

10. ×　【解析】本题的考点为净利润的计算。净利润是指利润总额减去所得税费用后的金额。

11. ×　【解析】本题的考点为损益类科目的定义。

12. √

13. ×　【解析】由于收入和费用是企业在一定期间内发生的,因此,利润表属于动态报表。

14. √

15. √

四、计算分析题

【解析】公司2013年年末资产总额是年末流动资产的2倍,则(2)=696 000÷2=348 000(元);

47 200+(1)+1 200+185 800=(2)=348 000,则(1)=113 800(元);

（2）+（3）=696 000，则（3）=348 000（元）；

年末流动负债比年初流动负债多 40 000 元，则（5）=72 000 - 40 000 = 32 000（元）；

20 000 + 6 500 +（4）=（5）= 32 000，则（4）= 5 500（元）。